提炼数据内涵，
回归数学精髓，
提升教学质量。

张景中 2019年10月

■ 丛书主编　方海光

中小学教育大数据分析师系列培训教材

数 据 驱 动 的 智 慧 教 育

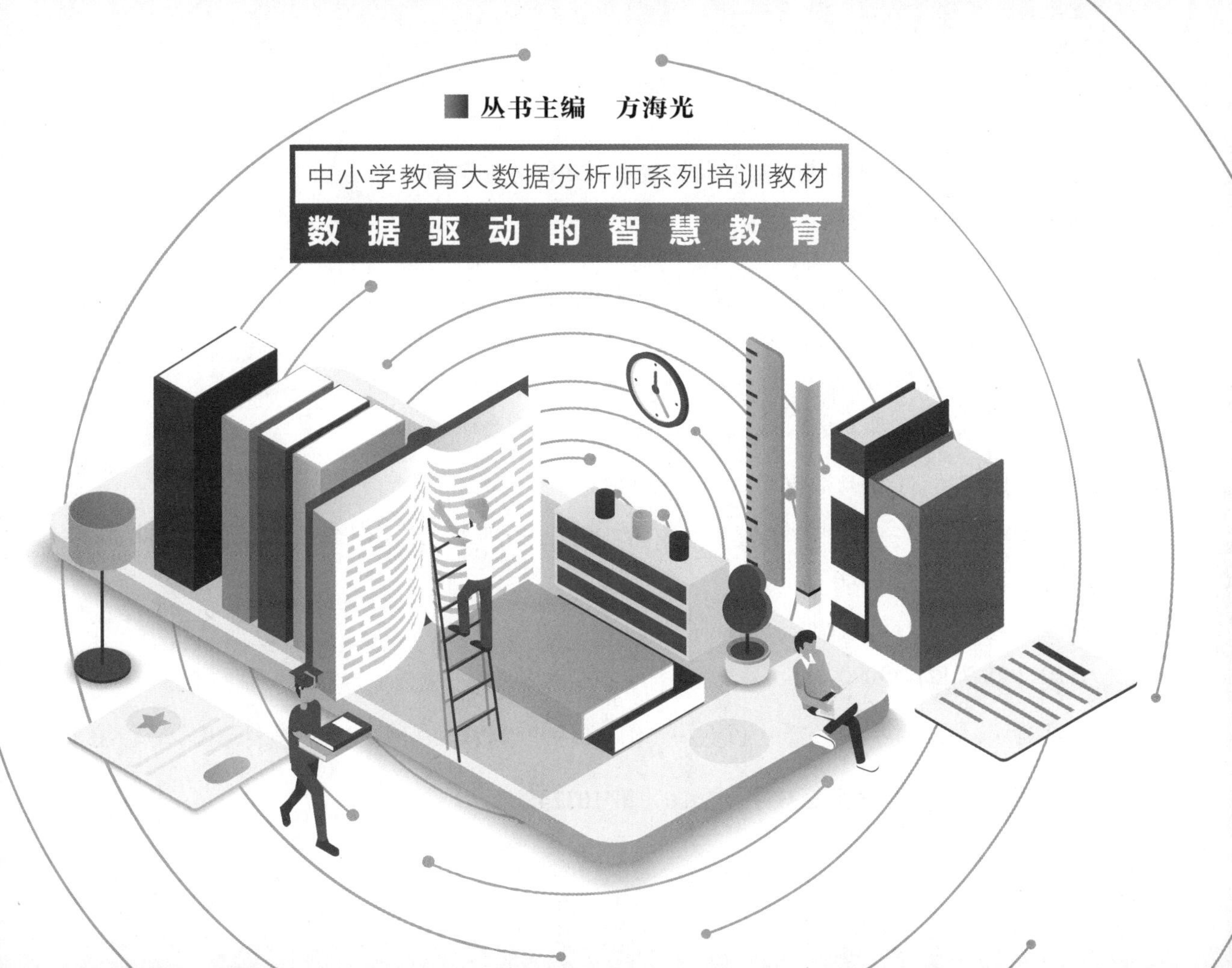

数据驱动的智慧学校

中小学CIO能力及素养

方海光　管杰 | 主编　　张悦 | 编

電子工業出版社
Publishing House of Electronics Industry
北京 • BEIJING

图书在版编目（CIP）数据

数据驱动的智慧学校. 中小学CIO能力及素养 / 方海光，管杰主编；张悦编. —北京：电子工业出版社，2020.6

中小学教育大数据分析师系列培训教材

ISBN 978-7-121-39090-6

Ⅰ. ①数… Ⅱ. ①方… ②管… ③张… Ⅲ. ①中小学教育—师资培训—教材 Ⅳ. ① G635.12

中国版本图书馆CIP数据核字（2020）第103247号

责任编辑：张贵芹 文字编辑：仝赛赛 邓 峰
印　　刷：涿州市京南印刷厂
装　　订：涿州市京南印刷厂
出版发行：电子工业出版社
　　　　　北京市海淀区万寿路173信箱 邮编100036
开　　本：787×1092 1/16 印张：27.25 字数：566.8千字
版　　次：2020年6月第1版
印　　次：2020年6月第1次印刷
定　　价：140.00元（全4册）

凡所购买电子工业出版社图书有缺损问题，请向购买书店调换。若书店售缺，请与本社发行部联系，联系及邮购电话：（010）88254888，88258888。

质量投诉请发邮件至zlts@phei.com.cn，盗版侵权举报请发邮件至dbqq@phei.com.cn。

本书咨询联系方式：（010）88254510，tongss@phei.com.cn。

丛 书 主 编： 方海光

本 书 主 编： 方海光　管　杰

本书编写者： 张　悦

指导专家委员会

指导专家委员会成员：

黄荣怀　北京师范大学
李建聪　教育部教育管理信息中心
王珠珠　中央电教馆
李　龙　内蒙古师范大学
王　素　中国教育科学研究院
余胜泉　北京师范大学
刘三女牙　华中师范大学
顾小清　华东师范大学
尚俊杰　北京大学
魏顺平　国家开放大学
曹培杰　中国教育科学研究院
胡小勇　华南师范大学
李　艳　浙江大学
张文兰　陕西师范大学
蔡　春　首都师范大学
方海光　首都师范大学
张　鸽　首都师范大学
鲍建樟　北京师范大学
陈　梅　内蒙古师范大学
梁林梅　河南大学
杨现民　江苏师范大学
肖广德　河北大学
荆永君　沈阳师范大学
赵慧勤　大同大学
杨俊锋　杭州师范大学
李　童　北京工业大学
纪　方　北京教育学院
郭君红　北京教育学院
徐　峰　江西省教育管理信息中心
高淑印　天津市中小学教育教学研究室
陈　平　南京电教馆
黄　艳　沈阳教育科学研究院
罗清红　成都市教育科学研究院
杨　楠　北京教育科学研究院
李万峰　北京市通州区教师研修中心
马　涛　北京市海淀区教育科学研究院
石群雄　北京教育学院丰台分院
卢冬梅　天津市和平区教育信息中心
陕昌群　成都市教育科学研究院
李俊杰　北京教育学院丰台分院
管　杰　北京市第十八中学
顾国齐　OKAY 智慧教育研究院
楚云海　伴学互联网教育大数据研究院

序　一

近年来，大数据、人工智能等技术在教育管理变革、学习模式变革、教育评价体系变革、教育科学研究变革等方面的作用日益凸显。国家高度重视教育大数据的发展，鼓励教师主动适应信息化时代变革。2018 年 1 月，《中共中央国务院关于全面深化新时代教师队伍建设改革的意见》明确提出，“教师要主动适应信息化、人工智能等新技术变革，积极有效开展教育教学”。2018 年 4 月，教育部印发《教育信息化 2.0 行动计划》，指出要深化教育大数据应用，大力提升教师信息素养。2018 年 8 月，教育部办公厅印发通知，启动人工智能助推教师队伍建设行动试点，将探索应用大数据支持教师工作决策、优化教师管理作为重要试点内容。2019 年 3 月，教育部印发《关于实施全国中小学教师信息技术应用能力提升工程 2.0 的意见》，强调大数据、人工智能等新技术的变革对教师信息素养提出了新要求，教师需要主动适应新技术变革。

当前，随着新技术的不断涌现与发展，很多原有的教育理论都迸发出了新的火花，大数据、人工智能等技术与教育的深度融合，将促进我们加快发展伴随每个人一生的教育、平等面向每个人的教育、适合每个人的教育、更加开放灵活的教育。教育大数据可以让教师读懂学生，让教育教学更加智慧，让教育研究更加科学。教育大数据可以让管理者读懂学校，由“经验式”决策变为“数据辅助式”决策，推动教育、教学、教研、管理、评价等领域的创新发展。

我认识方海光教授好多年了，启动丛书的策划工作时，海光还提出，希望请重量级人物来担纲主编，但我不这么认为。我觉得像他这样的中青年学者已经成长为学科发展的一线主力，理应主动承担起更大的责任。这套丛书的出版确实也让我有眼前一亮的感觉。丛书内容丰富、形式新颖，根据学校的不同角色分成了五个系列：数据思维系列、数据驱动的技术基础系列、数据驱动的智慧学校系列、数据驱动的智慧课堂系列和数据驱动的教育研究系列。丛书符合中小学教师信息技术应用能力提升工程 2.0 的要求，相信将在各级单位信息化领导力培训、信息化教学创新培训、数据能力素养培训等工作中发挥重要作用，能够为教育管理者的数据智能决策提供帮助，为教师教育的研究者提供参考，更值得广大的学校管理者、教师阅读和学习。

希望这套丛书的出版能够促使教育大数据更好地助推教育教学改革和培训教研改革，引领中小学教育的整体变革，进而推动教育的跨越式发展。

任友群

华东师范大学教授　任友群

序　二

国家教育现代化和智慧教育示范区的建设都强调了教育大数据的应用方向，教育大数据中心建设和区域数据互联互通成为当前教育信息化的发展重点。

从我国教育信息化的发展趋势来看，基础环境和资源建设与应用快速推进，师生信息化应用能力和水平显著提升。信息化不断发展带来知识获取方式和传授方式、教与学关系的革命性变化，很多学校面临知识的体系化建设阶段。在大数据和人工智能的环境下，我们面临很多新的问题：如何建设学校的知识体系？如何指导学生的学习过程？学习过程的数字化带来了更多的大数据，人工智能的数据处理引擎带来了更复杂、更精准的应用场景，更自然、更贴近人们日常生活的人机交互带来更直观的体验。各种教育大数据和人工智能应用层出不穷，学校的选择空间很大，但是在此之前，我们必须对学校的定位和自身需求有一个明确的认识：学校为什么需要教育大数据？教育大数据能帮学校做什么？学校是否需要转变应用数据的思维方式？

实际上，教育大数据并不神秘，它一直伴随着数字校园、智慧教室学习环境的建设、学习空间的应用、在线教育的发展等。教育大数据具体可以应用于精准教学、学情分析、精准管理、科学决策、学生生涯成长过程记录、学校数据统一优化。未来学校和智慧教育示范区的建设离不开教育大数据，教育大数据的应用也离不开管理者和师生对它的认识和理解，这些都是产生信息化价值的重要基础。

为了服务新时代大数据、人工智能等技术带来的教育变革需求，促进广大教育工作者深入理解和学习有关教育大数据应用的价值和知识，这套丛书应运而生。这套丛书内容全面、新颖，案例丰富且适合实践，可供关注教育大数据和教师培训的研究者和实践者使用，更值得关注未来学校发展和教师队伍建设的学校使用，也期待丛书能根据使用情况和技术的发展，愈加完善。

黄荣怀

北京师范大学教授　黄荣怀

序　三

以人工智能为代表的新一代信息技术对教育的发展具有重要影响，国家高度重视智慧教育的发展，希望加快人工智能在教育领域的创新应用。利用智能技术支撑人才培养模式的创新、教学方法的改革、教育治理能力的提升，构建智能化、网络化、个性化、终身化的教育体系，是推进教育均衡发展、促进教育公平、提高教育质量的重要手段，这也是实现我国教育现代化的重要动力和有力支撑手段。

对于学校，数据将会成为学校最重要的资产，这是教育大数据生态的基石。学校将是一个教育大数据中心，能够实现多层面数据价值的共享。对于课堂，数据的核心价值是形成闭环，并通过这种闭环迭代，使学生的学习效果越来越接近预期目标。如何迎接新时代教育大数据的挑战是学校面临的问题，本套丛书旨在帮助学校应用教育大数据，探索基于数据的思维转变过程，掌握应用教育大数据进行教育创新的方法。

本套丛书采用了新颖的内容组织形式，各册均采用扁平化组织，只有章的结构，没有节的结构。各章的结构要素包括知识检查点、能力里程碑、核心问题、问题串、活动。其中，知识检查点是知识检查的基本单元，能力里程碑是任务完成的标志性能力。各章通过核心问题引发学习者思考，以系列问题串组织内容，引导学习者通过评估性问题和反思性活动进行探究，实现知识学习和能力提升的演化过程。活动包括自主活动、小组活动和评价活动。在自主活动中，学习者首先对本章内容进行反思，反思在平时的教育实践中是否出现过类似的问题或现象等，然后写个人心得，结合本章内容阐述在以后的教学实践中可以有怎样的举措。在小组活动中，集体讨论本章所学内容，然后各抒已见，思考如何改善教学质量，属于小组层面的交流。评价活动用于评价和检测，不仅适用于参加教师培训的教师、教育管理者，还适用于不参加培训的广大学习者。这三个活动的设置符合研修的典型特征，每个活动都有一个聚焦的主题，不限定具体的活动内容，有利于组织者安排工作，根据实际的需要展开活动，也适合学习者的自主学习、反思。

本套丛书分为五个系列，它们分别是：数据思维系列（全 1 册）、数据驱动的技术基础系列（全 4 册）、数据驱动的智慧学校系列（全 4 册）、数据驱动的智慧课堂系列（全

4 册）、数据驱动的教育研究系列（全 4 册），共计 17 册。本套丛书的任何一册都可以单独组成 8~12 学时的培训课程，又可以以系列教材为主题组成培训主题单元模块。本套丛书既适用于国家层面、各省、各市、各区县级、各级各类学校进行有组织的教师教育和培训活动，又支持一线教师、教研员、管理者、研究者及教育服务人员的自主学习，还适合大学、研究生及高校教师进行参考和学习。本套丛书难免存在各种问题和不足，恳请各位同仁不吝赐教！

方海光

首都师范大学

前言

信息时代，尤其是人工智能时代，面对人工智能这一变革浪潮，各国都把发展人工智能作为提升国家实力、参与全球竞争、力争赢得主动和先机的重要驱动力量。

面向教育领域，人工智能应用正在塑造一种教育新形态，让教育呈现新生态。人工智能技术高度融入学校治理的方方面面；个性化学习和深度学习成为学习的主要方式；课程建构发生了本质改变。因此，面对教育的新需求、新形态，如何从学校发展、学校环境建设以及学校战略愿景等三个重要方面进行科学而有效地管理和分析，是每位中小学首席信息官（CIO）的时代担当。

本书集中了作者团队及单位多年来在中小学教育信息化建设和未来学校方面的研究，分别对中小学 CIO 的职责、要求、标准、培养方式，以及未来的发展前景和挑战做了全方位的阐述，并对中小学 CIO 的学校战略管理、绩效管理、项目管理和数据分析四项主要工作内容进行了系统的分析。本书力求将理论同实际相结合，在保证理论内容可靠、实用的前提下，运用多种实践案例，使内容最大程度地贴近中小学的决策者、管理者及广大读者。本书在全面介绍中小学 CIO 的同时还提出了一些建设性的方法和建议，供广大读者参考。同时，对于对中小学 CIO 有未来职业规划的教师或教研人员来说，本书不失为一本可以快速了解该职业的入门教材。

本书深受教育部各个司局单位同志的指导，也得到了北京师范大学和中国科学院各位专家的支持和引领，这些先进的理念深刻体现在本书的方方面面。同时，本书作者还得到了北京市教科院、北京教育学院、北京市丰台区教委、海淀区教科院等各位专家的宝贵意见和建议，最终共同完成本书的策划和撰写。此外本书的编写还得到了首都师范大学教育学院同仁的大力支持，也特别感谢作者团队成员刘嘉琪、汪时冲、薛树树、李欢等同学的奉献和付出。最后，书中难免有不足之处，还请各位读者及老师给予及时的批评和指正。

方海光

首都师范大学

目录

第一章　走进中小学首席信息官（CIO）

本章学习目标

在本章的学习中，要努力达到如下目标：

◆ 了解首席信息官的定义（知识检查点 1-1）。

◆ 了解中小学教育信息化引入 CIO 机制的原因（知识检查点 1-2）。

◆ 掌握教育信息化 2.0 对 CIO 制度的新要求（能力里程碑 1-1）。

◆ 掌握教育信息化 2.0 下 CIO 制度的出路（能力里程碑 1-2）。

本章核心问题

首席信息官（CIO）是什么？教育信息化领域如何正确看待 CIO 制度？针对中小学教育信息化，为什么要引入 CIO 机制？

本章内容结构

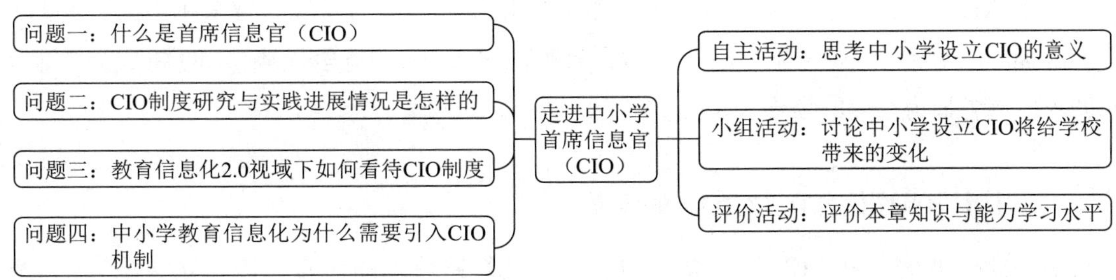

引　言

对中小学来说，校长是学校信息化工作的领头人，也是学校信息化工作的组织者，更是学校信息化工作的实践者。新时代要求学校能够认识信息技术对教育发展的重要意义，深入了解信息化工作的系统性、复杂性，把握信息技术带来的历史性机遇，引领教育理念变革，促进教学模式创新，推进管理方式转变，推进信息技术与教育教学的深度融合，不断提高教育教学质量。

近年来，随着信息技术的飞速发展，我国中小学教育信息化建设取得了突飞猛进的发展。而教育信息化管理中存在的“信息主管权责不符、信息化发展与学校总体发展规划脱节”等问题也更加突出了。2016年6月，教育部印发的《教育信息化“十三五”规划》明确提出：要在各级各类学校逐步建立由校领导担任首席信息官（CIO）的制度，全面统筹本校信息化的规划与发展。加强信息化专业队伍建设，确保各级各类学校信息化管理与服务工作得到落实。

信息技术能够为教育提供新的思路和办法，而中小学首席信息官(CIO)制度就是技术为教育提供的新鲜事物。在中小学教育信息化发展的浪潮中，特别是实施教育信息化 2.0 行动计划后，引入首席信息官制度也是势在必行了。本章针对 CIO 制度进行了相关的梳理，希望可以把中小学 CIO 队伍逐步建立起来，让教育信息化 2.0 行动计划走进每一所学校。

问题一：什么是首席信息官（CIO）？

一、企业中首席信息官的定义

首席信息官（又称 CIO，是 Chief Information Officer 的缩写）中文意思是首席信息官或信息主管，是负责一个企业信息技术和系统所有相关事务的高级官员。在企业中，CIO 通过指导信息技术在企业中的应用来支持企业实现目标。在国际企业中，CIO 相当于副总经理，直接对最高决策者负责，他们具备技术和业务两方面的知识，是将组织的技术战略与业务战略紧密结合在一起的最佳人选。CIO 是企业中一个比较新的职位，目前只有在一些全球 500 强的大企业才设立该职位。但是随着商业领域多极化的竞争与发展，越来越多的企业开始将 Innovation（创新）这一概念作为企业可持续发展的动力和竞争优势，CIO 将成为未来企业创新变革中最为重要的领导人之一。

二、中小学首席信息官（CIO）的定义

中小学首席信息官（CIO）是学校教育信息化统筹管理的核心，是建立学校信息化管理部门与其他教学教务部门间横向协作关系的学校管理人员。中小学首席信息官（CIO）是参与学校相关决策的重要领导人之一，对于学校来讲，这是一个很新的职位，也将满足新时代学校教育教学创新变革的特殊需要。

问题二：CIO 制度研究与实践进展情况是怎样的?

一、我国 CIO 制度实践进展

通过对我国 CIO 制度目前实践进展的总结，可以看出，从 21 世纪初至今，我国 CIO 制度经历了“借鉴国际经验”“设置专门岗位”“规范制度名称”“出台标准规范”等重要标志事件，其发展历程大致可以分为萌芽、初步探索、快速发展三个阶段。

1. 萌芽阶段：借鉴国际经验

20 世纪 80 年代，国外的政府率先设立 CIO 职位，开启了 CIO 的实践探索，随后受到了企业的关注。继国外的企业设立 CIO 职位后，国外的高校也引进了 CIO 制度，CIO 由此逐渐普及到学校领域。20 世纪 90 年代末，我国高校设置 CIO 岗位的设想开始出现。2000 年至 2003 年左右，我国经济发达地区的中小学开始尝试设置专门的机构和人员负责教育信息化工作，由此开始了基础教育领域 CIO 机制的早期探索。

2. 初步探索阶段：设置专门岗位

2012 年，教育部出台的《教育信息化十年发展规划（2011—2020 年）》指出，要“在各级各类学校设立信息化主管”。CIO 机制逐渐受到重视，2014 年四川省成都市率先开始大规模地在全市中小学校设置 CIO 职位。由于教育部文件中采用的是“信息化主管”这一称谓，故在基础教育领域对于 CIO 的中文表述出现了“信息化主管”和“首席信息官”并用的局面。

3. 快速发展阶段：规范制度名称、出台标准规范

2016 年 6 月，教育部印发的《教育信息化“十三五”规划》中提出：要在各级各类学校逐步建立由校领导担任首席信息官（CIO）的制度。这是教育部官方文件中首次采用“首席信息官（CIO）”这一表述，同时也将 CIO 的任职资格提升为校领导层面。CIO 制度得到了更多的认同和重视，越来越多的中小学校开始设置 CIO 职位。2017 年 4 月，国内教育信息化团体标准《中小学学校首席信息官（CIO）建设规范》（T/ EIIA 016—2017）发布。同年 11 月，“全国中小学首席信息官培训及教育信息化标准建设研修会”召开。2018 年 4 月，教育部印发的《教育信息化 2.0 行动计划》进一步强调，“各级各类学校应普遍施行由校领导担任首席信息官（CIO）的制度”。同月，“全国中小学首席信息官（CIO）队伍建设研讨会”举行，会议宣布设立全国中小学首席信息官（CIO）联盟秘书处。通过上述发展历程可以看出，CIO 制度在我国基础教育领域中的发展和实践具有明显的“政策驱动”特征。教育信息化有关政策是推动 CIO 制度蓬勃发展的重要动力。

二、学校 CIO 制度研究进展

自 21 世纪初开始，我国学者对国内外高校 CIO 制度建设进行了相关研究，研究主要集中在高校 CIO 岗位的设置、组织架构、角色定位与职责、存在问题等方面。相对而言，我国学者对中小学 CIO 制度的研究开始较晚。直至 2007 年，张刚要等论述了我国中小学教育信息化进程中引入 CIO 机制的必要性，并探讨了中小学 CIO 的主要职责，正式开启了在基础教育领域中设置 CIO 的理论探讨。

2012 年，教育部明确要求设立信息化主管岗位后，CIO 制度受到学界的关注。相关研究主要集中在对中小学 CIO 角色定位与岗位职责分析以及 CIO 知识能力结构的探讨上，部分研究也提出了相关培训课程体系。譬如，高丹丹等在提出中小学信息化管理者岗位要求的基础上构建了 CIO 培训体系。李艳等认为，中小学信息化主管从行政角度看应属于学校中层以上领导，和学校其他职能部门负责人共同参与学校的宏观管理与决策，其应既懂宏观管理又懂信息技术，即信息化领导力、信息技术专业素质、信息化应用组织能力。张家年等认为，学校信息化主管是为了实现信息化教育，促进信息技术与学校教育全面深度融合而设置的，在校长领导下，CIO 从技术层面、战术层面和战略层面对学校教育信息化环境、信息技术融合教育策略和发展愿景进行规划，并付诸实施、监督、指导和管理。可以看出，学校信息化主管的知识结构体系可以分为初级、中级和高级模块，分别对应学校 CIO 的技术层面、战术层面和战略层面。

上述研究对于明确 CIO 的角色定位、岗位职责、知识能力结构等具有重要作用，但大部分研究还停留在经验研究层面，较多关注 CIO 能力的定性分析和逻辑推演，其能力体系内容较为抽象。张阔等人采用德尔菲专家咨询、探索性因素分析等方法建构了中小学 CIO 胜任特征模型，并运用验证性因素分析方法对模型的有效性进行了验证。该研究在一定程度上解决了当前研究中研究方法单一、实证研究缺失等问题。

综上所述，我国学者从不同角度对中小学 CIO 制度开展了相关研究，也达成了一些共识。然而，与 CIO 实践相比，学界对相关问题的理论研究重视程度不够，相关研究仍处在理论探讨阶段，实证研究较少，研究的视角有限，研究成果更需要实践验证和积累。

问题三：教育信息化 2.0 视域下如何看待 CIO 制度？

一、CIO 制度是推进教育信息化 2.0 的重要保障

教育信息化 2.0 是在总结以往经验和做法的基础上，对教育信息化在发展理念、建设方式上的一次跃升。教育信息化 2.0 时代，信息技术逐步从影响教育发展的外生变量转变为引发教育深层次系统性变革的内生变量，从而推动教育信息化工作呈现从“量变”到“质

变”、从“应用”到“创新”、从“推动”到“引领”等方面的变化。实际上，不管技术如何变换，现阶段学校是教育信息化的“主战场”的事实并没有改变。从行政管理角度看，学校仍然是推进教育信息化工作的最基本单位。教育信息化 2.0 的目标能否实现，关键还要从学校层面实施和落地。由于教育信息化具有全局性、基础性、复杂性、持续性等特征，学校必须确定专门的人员和机构参与高层决策，负责制订学校信息化工作的总体思路和发展规划，并对日常工作进行组织、指挥、协调和管理。因此，普遍施行 CIO 制度是贯穿学校日常工作的战略和战术工作，更是推进学校教育信息化 2.0 工作的重要保障。

二、教育信息化 2.0 对 CIO 制度的新要求

教育信息化 2.0 是应新时代新变化的一次转型升级，是教育信息化发展到一定水平实现新跨越的内在需求。面对新变化和新升级，教育信息化 2.0 对 CIO 制度提出了新要求，具体包括以下四个方面的内容。

1. CIO 角色定位的新要求

正是由于学校信息化水平和外部体制环境等因素的改变，引发了 CIO 岗位需求与期望的产生，决定了 CIO 的角色定位和工作职责。然而，岗位角色的发展和变化受到多种因素的影响，随着学校信息化进程的推进，学校内外部环境发生变化，又会产生新的岗位需求和期望，与之对应的岗位工作职责会作为中间变量影响 CIO 的角色发展。一般而言，CIO 在信息化建设过程中应承担执行者、管理者、领导者三种角色。教育信息化 2.0 时代，随着学校教育信息化水平的不断提高，CIO 作为领导者的角色定位也将变得愈发重要。主要表现在：第一，CIO 的行政身份由学校某一部门的负责人向学校领导层转变； 第二，CIO 的工作职能由微观的组织、协调与控制，向宏观的引领、决策与评估转变；第三，CIO 的工作范围由学校局部的、单一的信息化具体事务，向教育信息化愿景创设、战略规划、制度设计与文化建设等事关学校整体改革与发展全局的战略性事务转变。

2. CIO 能力结构的新要求

教育信息化 2.0 行动计划是一个系统工程，必须加强其顶层设计。CIO 作为全面统筹本校信息化规划与发展的行政管理者，要正确把握教育信息化升级的动因、特征、方向、本质和内涵，要善于着眼全局，聚焦重点，系统推进本校教育信息化工作。教育信息化 2.0 时代，随着学校对信息技术的依赖性加强，学校对信息化要求标准也不断提高。CIO 作为领导者的角色定位不断加强，也迫使 CIO 的发展趋于全面，要求 CIO 不仅是技术专家、管理专家，还要成为战略专家，这对 CIO 能力结构提出了更高要求。首先，CIO 应具备良好的信息技术素养和丰富的教育信息化应用经验。其次，CIO 应具备优秀的组织管理和人

际沟通协调能力。再次，CIO 应具备卓越的信息化战略思考和全局洞察能力。最后，CIO 应具备先进的教育教学理念和较强的应用信息技术变革教育的创新能力。

3. CIO 组织机构的新要求

CIO 岗位是 CIO 机制的核心，但是 CIO 岗位绝不是 CIO 机制的全部。教育信息化 2.0 时代，学校教育信息化工作面临的局面日益复杂，相关要求日益提高，工作任务日益繁重，单靠 CIO 个人推动实施相关工作是绝对难以满足信息化实际需要的。必须组建学校信息化工作团队，建立健全信息化管理与服务组织机构，为信息化工作的推进提供组织保障。传统的信息化机构组织级别低，层级和职能划分不合理，导致决策层次较低、决策能力较弱，与学校其他部门沟通协调困难。教育信息化 2.0 时代，必须对传统信息化组织机构进行调整、完善，建立与之相适应且行之有效的 CIO 组织机构来规划实施信息化战略。第一，要提升信息化组织机构级别，建立全校层面的沟通协调机制，提升学校信息化事务的决策层次和能力。第二，要建立决策、管理和服务的三层信息化组织体系，并合理划分每一层级组织机构的业务职能和工作范围，提高学校信息化机构的工作质量和效率。第三，要加强信息化工作人才队伍建设，建设稳定、足量、卓越的信息化工作团队。

4. CIO 考核评价的新要求

当前，教育信息化工作的重心逐渐从信息化基础设施建设、信息化资源开发、信息技术的教学应用等过渡到信息技术与教育教学更加深层次的融合、信息技术促进和引领教育系统性变革等方面上来。这些转变更加说明：教育信息化本身不是目的，教育信息化的目的最终是为了教育自身的改革与发展，是为了促进人的发展。教育的目的和目标就是教育信息化的目的和目标。因此，教育信息化 2.0 时代，对教育信息化的评价不能再停留在设施设备数量、网络带宽、信息化资源总量等传统的信息化指标上，对 CIO 的考核也不能单纯地局限于教育信息化专项工作层面。相关考核评价应更多地从整个学校的育人和发展目标去衡量。另外，对 CIO 的考核还要处理好短期与长期、过去与未来、能力评价和绩效评价之间的关系。应将发展性指标和结果性指标相结合，构建科学、合理的 CIO 考核评价指标体系。在此基础上，确定合理的评价主体、评价周期、评价方式、评价工具等，建立一套完整的 CIO 考核评价体系。

三、教育信息化 2.0 下 CIO 制度的实施

教育信息化 2.0 的建设是为了更好的支持教育的发展，CIO 制度更多的是要全面建设信息化，从学校战略到学校管理，再到智慧课堂建设和学生个性化成长，涉及到学校、教师和学生的方方面面。从实践的经验来看，针对 CIO 制度面临的困境，应从以下几个方面开展工作，破解当下难题，以推动 CIO 制度的建立和有效开展。

1. 建立 CIO 岗位能力标准体系

加强制度建设，结合教育信息化工作实际，出台科学、明确的 CIO 岗位职责相关文件和标准，进一步明确 CIO 角色定位与岗位职责。明确 CIO 日常工作范围，去除非职责范围内的繁杂事务，使 CIO 将主要精力投入到事关学校教育信息化工作全局的重点工作中去，提升 CIO 工作层次，提高教育信息化工作质量和效益。吸收、借鉴国外有关 CIO 知识能力结构及岗位标准的研究成果，建立科学、完善的 CIO 岗位能力标准体系，有效引领 CIO 人才选拔、能力提升、人才培养及专业发展等事宜的推进和实施。

2. 完善 CIO 日常工作机制，明确责任部门

建立健全信息化管理与服务组织机构，并从纵向和横向两个维度理顺 CIO 及相关组织机构和学校其他部门之间的关系，明确其职能权限、业务范围、工作流程。在此基础上，完善信息化机构内部组织架构和业务职能分解，以便 CIO 更好地行使应有权力，顺利开展相关工作。建立 CIO 工作交流机制，推进 CIO 岗位能力提升常态化。定期召开 CIO 工作交流会议，利用信息技术手段搭建区域 CIO 日常交流平台。研究制订 CIO 工作绩效评价制度。根据实际工作绩效，采用项目式管理方法，确定科学、合理的 CIO 岗位津贴和待遇。设立针对 CIO 岗位的评奖评优项目，增强 CIO 岗位能力和专业发展的积极性。

3. 探索一体化 CIO 人才培养路径

将 CIO 岗位能力提升培训纳入学校教师培训规划，开展 CIO 专项培训。紧密结合 CIO 岗位工作实际，围绕“CIO 岗位认知”“学校发展规划”“学校绩效管理”“学校项目管理”“学校数据决策”等内容，开展主题鲜明的岗位知识与能力素养培训。合理组织培训内容，提高培训的针对性和实效性。根据 CIO 工作特点以及实际需求，推行短期集中理论学习与现场实践相结合的混合式培训。合理利用信息技术手段，为 CIO 提升岗位能力提供支撑。慎重运用网络手段开展长时间、系统化的远程培训。借鉴国内外政府、企业 CIO 人才培养经验，进行跨学科师资和资源整合，构建科学、合理的中小学 CIO 职前培训课程体系。借鉴 U-G-S（师范大学、地方政府、中小学校合作）教师教育协同培养机制，进行中小学 CIO 人才培养模式的构建，探索 CIO 人才培养职前职后一体化的有效路径。

4. 加强 CIO 制度相关机制研究

加强 CIO 制度相关机制研究，可以从学校信息化治理和 CIO 岗位两个维度开展相关研究。学校信息化治理维度主要涉及组织结构机制、决策机制、沟通机制等内容，这些机制体现出组织的治理结构。学校 CIO 岗位制度主要包括 CIO 的选拔机制、考核机制、激励机制等内容，这些内容体现了人力资源管理的核心内容，开展 CIO 胜任力评估体系研究。

问题四：中小学教育信息化为什么需要引入 CIO 机制？

一、中小学教育信息化管理工作的问题亟需 CIO 机制的引入

当前，中小学的信息化管理工作主要是由一名副校长兼职负责，或者由部门级领导（在很多情况下是信息中心主任）来负责，他们的工作重心、职权和工作视角在很大程度上决定了信息化管理工作很难上升到全局战略性高度来统筹规划、实施推进，同时过度强调专业背景或过度放弃专业背景的倾向也容易使实际的信息化管理工作发生错位。

实际上，目前的信息化管理工作主要偏重于零碎的教育教学辅助工作以及行政管理的辅助功能上，其管理学内涵被相对忽视或低估，这样的定位使得信息化管理工作通常被理所当然地放到部门级决策层加以考虑，很少在校级决策层拥有发言权，这又使其规划的局限性、执行的滞后性进一步强化，潜在的管理功能也被进一步忽略。

这两个问题揭示了中小学现行信息化管理机制的困境：该机制对其职能的定位、机构的设置、人员的配备难以驾驭，导致信息化管理难以摆脱应用辅助型的角色设定，因此处于持续、被动的局面，缺乏机会展示其应有的管理功能，这种现象又反过来进一步强化其在机制内的应用辅助型角色。同时，诸如互联网、大数据、人工智能等技术的革新使得信息化的重要性增强的同时，也带来了新的技术驱动的教育理念和工作方式，这种变化的复杂性、风险性也在持续上升。

可以这么说，技术带来了中小学教育信息化管理工作的新问题，带动了工作机制和组织结构的新变化。“技术推动学说”的代表人物之一厄尔（Earl M.J.）认为 CIO 产生的原因主要包括以下三个方面：第一，当新的信息技术开始与计算过程整合时，就需要一个人来监督信息技术结构建设所需要的技术政策与标准的制订和执行情况；第二，信息处理的急剧膨胀创造了一种需要领导的活动和一种需要管理的生产功能，这种领导中小学教育信息化进程和校园信息化建设及管理的综合性工作，单靠技术专家是不能胜任的；第三，一个组织越来越难以拒绝一个观念，即应该任命一个领导级的官员来确保信息资源有效且高效地调配和利用。

因此，当信息技术已经成为一个组织的竞争优势之源时，CIO 机制就具备了生成条件。目前，教育信息化已经成为不可逆转的趋势，信息技术在中小学逐渐成为了学校竞争力的标志之一。CIO 机制是为适应全球信息化之需要、破除传统信息管理机制之桎梏而诞生的，它为中小学迎接信息化挑战提供了一个很好的改革思路。

二、中小学教育信息化不可逆的进程呼唤 CIO 机制的引入

从 20 世纪末期开始，我国就开始大力推进信息技术在教育中的应用。经过多年的努力，

我国基础教育信息化水平已经取得了较大的成绩。这些成绩充分说明了当前形势下中小学教育信息化的步伐不可逆转，而在这一不可逆的进程中，我们也渐渐意识到需要专门的机构、专门的人员、专门的机制来引导、参与、管理这一日益庞大的工程。同样，企业和政府也面临着同样的挑战，解决这一问题的措施之一就是CIO的诞生，因此我们有必要将这一机制引入到中小学，以使中小学教育信息化的进程更加规范、更加完善。

三、中小学教育信息化的现状需要CIO机制的引入

首先，中小学教育信息化的基础设施正在逐步完善。目前，中小学的“校校通”工程正在如火如荼地进行，而学生及教师的计算机普及率仍偏低。有调查显示，中小学学生及教师在学校拥有计算机的情况不容乐观，中小学学生及教师在学校应用教育教学终端的普及率也十分有限。在中小学教育信息化发展进程中，基础设施的建设仍面临着巨大挑战。在整个过程中，基础设施建设的规模、质量等必须由专门的部门负责，这也正是引入CIO机制的原因之一。

其次，中小学教育信息化在资源建设方面存在较大问题。在已经建设了校园网的中小学中，大多数学校已经建立了自己的官方网站，学校网站普及率较高，但主要用于宣传。在对校园网主页上所提供的20个信息和服务项目的排序的结果显示，网络教学资源、常用软件下载、信息技术技能培训课程、在线课程这四项与教学关系密切的项目均不多。在中小学引入CIO机制，由专人领导、专人负责、专人协调，逐步规划、完善资源库的建设及整合，将会更好地发挥现有基础设施的作用。

最后，信息技术在学科教学中的应用不足。学科教师对信息技术与课程整合的认识不足，教师在信息技术与课程整合方面的实践经验很少。对“信息技术与课程整合”理论十分了解并将其应用于教学实践中的教师不多。在中小学引入CIO机制后，就有一个专门的机构专门进行信息化方面的培训、宣传、指导，并提供相应的物质支持和技术支持，这也将对摆脱目前课程整合的困境起到巨大的推动作用。

本章内容小结

本章我们学习了什么是首席信息官（CIO）（知识检查点1-1），了解了中小学为何引入CIO机制（知识检查点1-2），掌握了教育信息化2.0对中小学CIO制度的新要求（能力里程碑1-1），明确了CIO制度的出路（能力里程碑1-2）。本章内容的思维导图如图1-1所示。

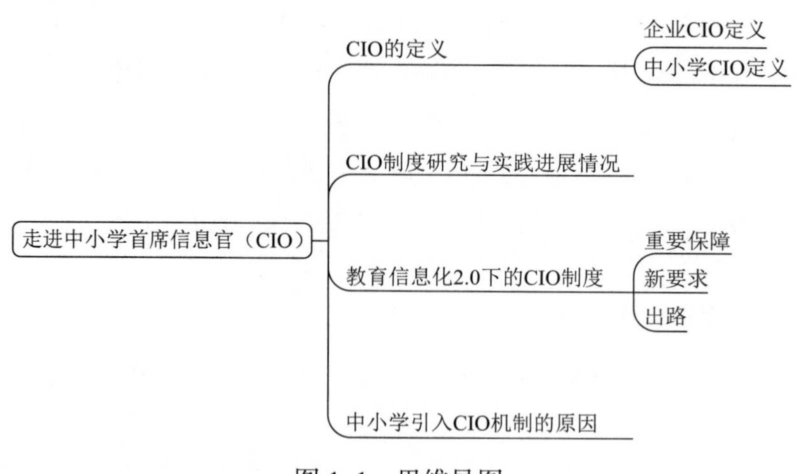

图 1-1　思维导图

自主活动：思考中小学设立 CIO 的意义

请学习者在学习完本章内容后，进行自我反思，并记录个人学习心得。

小组活动：讨论中小学设立 CIO 将给学校带来的变化

请学习者围绕本章的学习主题进行组内交流，并做好小组学习记录。

评价活动：评价本章知识与能力学习水平

一、名词解释

中小学首席信息官（CIO）（知识检查点 1-1）

二、简述题

你认为中小学是否有必要引入 CIO 机制？请简要说明（知识检查点 1-2）。

三、实践项目

假如你的学校要引入 CIO 机制，结合教育信息化 2.0 的视域以及学校实际情况，谈谈你将如何规划（能力里程碑 1-1、1-2）。

第二章　胜任中小学首席信息官（CIO）

本章学习目标

在本章的学习中，要努力达到如下目标：

◆ 了解首席信息官（CIO）这一新兴职位出现的历史背景和面临的困境（知识检查点2-1）。

◆ 了解首席信息官（CIO）这一新兴职位出现的目的和意义（知识检查点2-2）。

◆ 能够说出首席信息官（CIO）的岗位工作机制和基本理念（能力里程碑2-1）。

◆ 能够结合自身理解概述首席信息官（CIO）任职的基本要求（能力里程碑2-2）。

本章核心问题

首席信息官（CIO）的基本理念和基本要求是什么？

本章内容结构

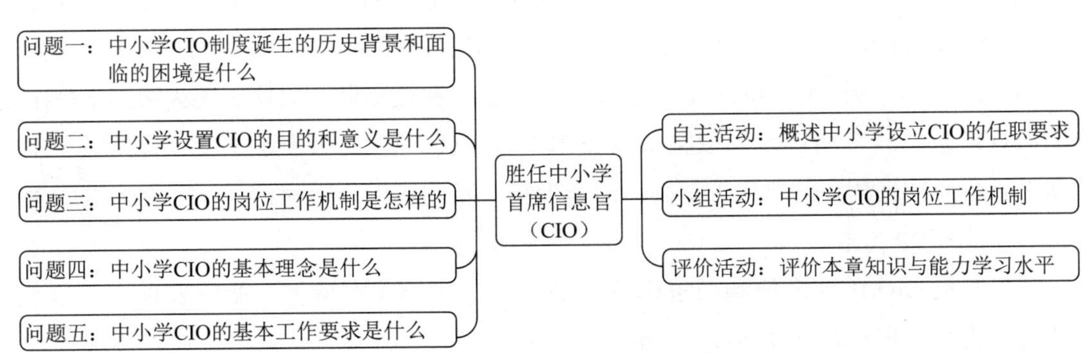

引　言

中小学信息化建设，需要打造信息化教育教学创新团队，引领未来教育发展方向。学校需要主动应用互联网、大数据、人工智能等信息技术，探索跨学科教学、智能化教学等教育教学新模式，充分利用新技术提供的智慧学习环境支持教师教育，提升校长、教师面向未来学校发展进行教育教学创新变革的能力。

教育部《关于实施全国中小学教师信息技术应用能力提升工程 2.0 的意见》指出：由校领导担任学校首席信息官（CIO），组建由校长领衔、学校相关管理人员构成的学校信息化管理团队，采取国家示范培训先行、各地普及推进的方式，推动面向所有学校的管理团队信息化领导力提升专项培训。将学校信息化发展规划的制订与落实作为培训主线，指导管理团队结合学校教育教学改革发展目标，形成学校信息化发展规划，推进数字校园、智慧学校建设，探索教育、教学、教研、管理、评价等领域的创新发展，并确定相应的信息化教学校本研修主题及教师培训计划。那么，学校管理者如何胜任中小学 CIO 这个职位？应该从哪些方面去考虑？基本的需求是什么？……这些都是必须解决的问题。

问题一：中小学 CIO 制度诞生的历史背景和面临的困境是什么？

自设立 CIO 岗位以来，我国基础教育领域对 CIO 制度的实施进行了很多探索。然而经过几年的探索，CIO 制度仍没有完全建立和普遍施行。在一些已经设置了 CIO 岗位的中小学校中，CIO 制度的推行也不容乐观。概括起来，当前 CIO 制度面临的困境主要体现在以下五个方面。

一、思想观念之困

思想观念是管理制度创新的根本影响因素，观念变革是制度改革与创新的根本前提。诺贝尔经济学奖获得者道格拉斯·诺斯（Douglass C. North）曾指出制度变迁本身是一种观念变化。因此，人们对 CIO 制度，尤其是 CIO 岗位的不当认识，极大地制约着 CIO 工作机制的发展和创新。当前，CIO 制度的思想观念之困主要表现在以下两个方面。

第一，对 CIO 制度的价值和意义认识不足，重视程度不够。具体表现为很多学校未能设立 CIO 岗位，或者简单地采取将信息技术中心主任改称为 CIO 等方式。其深层次原因是缺乏对全面推进教育信息化工作面临的新形势、新问题以及教育信息化工作特点的深刻认识。

第二，对 CIO 角色定位和岗位职责认识不清，认知存在偏差。调研发现，大量 CIO 从业人员将自己定位成技术人员，“重技术、轻管理、无领导”现象严重，管理者、领导者角色定位缺失。部分 CIO 对自己目前的工作角色无法定位，工作职责边界不清，日常工作缺少计划性，实际工作疲于应付，工作体验不佳，岗位自我效能和幸福感低。

二、政策支持之困

当前，CIO 制度的发展和实践具有明显的“政策驱动”特征。相关信息化政策为 CIO 机制的建立和发展提供了强大动力。然而，对于 CIO 制度的政策支持仍存在以下两大问题。

第一，具体实施政策缺失，宏观政策缺乏实践指导力。自教育部发布相关文件以来，部分省市甚至区县教育行政部门也出台了文件，要求本地区各中小学建立 CIO 制度。然而，现有政策对于“如何建”“建什么”等操作性问题没有涉及。也正是由于缺少具体的实施政策指导，使得 CIO 制度在很多学校无法落地，相关政策在部分地区的实施大打折扣。

第二，业务部门与人事部门缺乏沟通，配套政策不完善。现有人事政策对各中小学领导职位的编制数量有严格规定。大多中小学都按照相关规定足额配备了相关领导岗位。现在教育信息化工作要求建立由校领导担任 CIO 的制度。如果由现有校领导来担任 CIO，其专业能力和对业务的熟悉程度将是开展工作的最大难题。一般认为 CIO 还是需要由信息化领域方面的专家来负责，才能更好地推动学校信息化工作。然而，如果由信息化专家担任这个职务，就涉及职位编制数量的问题。就目前情况看，原有的校领导编制数量不变的情况下，如果设一位校领导来专门担任 CIO，势必会占用学校现有的一个领导职数。这是中小学设立 CIO 岗位不得不考虑的难题。

三、人才培养之困

教育信息化的关键是人，人也是教育信息化工作推进的决定性因素。在教育信息化进程中，CIO 扮演的角色举足轻重，其职业素养高低成为学校信息化工作有序推进的重要影响因素。然而，当前 CIO 人才培养面临不少困境，主要表现在以下三点。

第一，现有 CIO 知识能力结构无法满足岗位工作需求。CIO 应承担执行者、管理者、领导者三种角色，每种角色都对 CIO 的知识能力结构提出了相应要求。作为执行者，要求 CIO 具有扎实的信息化知识和数字化资源开发、信息化教学及教研等能力。作为管理者和领导者，要求 CIO 具备战略思考、信息化建设规划、项目管理与实施、沟通协调等知识和能力。然而，当前 CIO 无论是在领导、管理，还是在执行层面，其知识能力结构都有待进一步提升。教育信息化项目管理与实施能力较为薄弱是 CIO 普遍存在的问题，数据决策和创新思维更是 CIO 亟待提升的素养，许多 CIO 的教育信息化相关经验十分欠缺。

第二，CIO 的专业发展缺少支持。当前，针对 CIO 的专题培训较少，针对性不强。高质量的培训课程及资源匮乏，课程设计与开发难度较大。已有相关培训停留在信息化理念介绍和具体操作技术强化层面，和 CIO 面临的工作情境及实际需求有较大差异。组织培训的专家缺少实际的 CIO 工作经验，无法对 CIO 提供高质量的咨询和帮助，培训效果受到严重影响。另外，区域 CIO 工作交流机制没有建立，CIO 专业发展氛围不浓，无法形成促进专业发展的学习共同体。

第三，学校 CIO 职前人才培养缺失。开展专门的、系统的专业教育是 CIO 人才培养正规化的主要形式。甚至有学者提出要创建正式的 CIO 新专业，以实现建立 CIO 人才培养机制的最终目标。因此，改革现有相关专业以适应 CIO 人才培养的需要是更为可行的路径。

实际上，CIO 人才培养需要对教育信息化的本质和当代教育的改革与发展有更加深刻的理解和把握。在这方面，教育技术学专业有更多的优势和责任。将培养各级各类学校 CIO 作为重要的人才培养目标，是新时代教育技术学学科建设和专业发展新的增长点和历史使命。CIO 人才培养问题亟待引起教育技术学专业的关注和重视。

四、理论研究之困

理论是实践的先导，思想是行动的指南。科学的理论对实践具有重要的指导意义。如果从对实践的“指导性”要求来看，当前我国学校 CIO 制度的相关理论研究还非常薄弱。主要问题包括：

第一，相关研究数量少，研究质量偏低；

第二，研究对象主要集中在高校，鲜见基础教育领域的相关研究；

第三，研究主题主要集中在对国外 CIO 制度的基本介绍、对学校引进 CIO 机制必要性的探讨、CIO 角色定位与岗位职责分析，以及 CIO 知识能力结构的探讨上，缺少围绕 CIO 制度的理论基础、工作机制、考核 评价、推行路径、演化动力、人才培养以及专业发展等更多维度的深层次研究和反思；

第四，研究方法定性分析多，实证研究少。研究结论缺乏对实践的指导力。上述理论研究方面的问题，在很大程度上造成了 CIO 制度实践层面上的盲目和困惑，影响了 CIO 制度的落地和推行成效。

问题二：中小学设置 CIO 的目的和意义是什么？

一、中小学设置 CIO 的目的

1. 中小学 CIO 职位的设置可以推动教育教学改革，促进学校信息化发展。

2. 中小学 CIO 职位的设置可以促进学校数字化网络环境、数字化教学资源、数字化教学与学习环境、数字化管理手段和工作环境的建设，探索出数字化学习、数字化教学、数字化科研和数字化管理的新工作模式和规范。

3. 中小学 CIO 职位的设置可以提高管理者、教师、学生的数字化应用水平和实践能力，为管理者、教师、学生提供数字化学习与工作环境，培养具备问题解决能力、合作学习能力与终身学习能力的高信息素养的信息化人才。

4. 中小学 CIO 职位的设置可以推动校校、家校、社会与学校共同参与学校教育工作，形成开放的、互动的大校园，以数字校园的建设推动教育特色化、信息化的进程。

二、中小学设置 CIO 的意义

1. 通过 CIO 职位的设立，为培养创新人才创造良好的环境，实现多种教学资源的优化组合，在新的人才观、学习观的指导下，运用新的教学方法、教学手段，开展形式多样的教学活动，促进学生自主学习和个性化发展，使其进一步发展成为创新人才。

2. 通过 CIO 职位的设立，推动校园网络的使用，培养教师的信息意识和信息素养；新的教学方法和教学程序的探讨，促进教师学习新的教育理论，转变教学观念，提高教学水平；多种教学资源的整合过程，也是专业进修的过程、教科研的过程，能够促进教科研能力的提高。

3. 通过 CIO 职位的设立，构建全新的教育教学管理模式，实现管理数字化、制度化、规范化，决策智能化、民主化、科学化。可以加强学校与学校、学校与家庭、教师与学生、领导与职工等方面的联系沟通，形成家、校、生三位一体的管理模式，提高学生管理的时效性。

4. 通过 CIO 职位的设立，打造数字校园建设，突破时间和空间限制，是展示学校的窗口，是宣传学校的媒介，是社会参与学校建设的入口，特别是资源的共建共享和开放式的教科研活动，能更好地发挥示范学校的作用，促进区域教育优质均衡发展。

问题三：中小学 CIO 的岗位工作机制是怎样的?

岗位工作机制是指用一定的规章制度保证某一特定岗位的运行，并形成一种有规律的工作模式。中小学 CIO 岗位工作机制包含组织架构、任用选拔、人员培养、考核评价四个要素。

通过中小学 CIO 岗位组织架构，可以明确主要职责，有了清晰的职责后可以对岗位人员进行选拔，根据选拔结果进行培养，并制订考评制度来评价其工作成果，岗位工作进行考核评价的结果会引起组织架构的变化。如此循环往复，这是一个动态的过程。

一、组织架构

岗位组织架构，对一个岗位有效运行起着至关重要的作用。中小学 CIO 岗位组织架构是 CIO 岗位各要素和系统外部的关系，以及有规律的、有序的运行过程和运行方式。首先，岗位组织架构包括中小学 CIO 岗位在整个学校的地位（上级、下级、同级、职务）。CIO 岗位在中小学的准确定位，在一定程度上决定了中小学 CIO 岗位人员工作的积极性；其次，岗位组织架构包括中小学 CIO 岗位的权限，因为权限影响学校信息化工作的效率和进程；最后，岗位组织架构包括中小学 CIO 岗位工作职责，对工作内容进行具体的划分，明确岗位工作职责和具体任务。

二、选拔任用

为保证中小学 CIO 人员的素质、专业水平和能力，岗位人员的选拔过程需要有一套相应的制度来规范。该制度中主要包括选拔任用的程序及条件。中小学 CIO 岗位的人员必须是经过一定形式的考核并且能够达到统筹中小学信息化管理的校级领导。

三、人员培养

中小学 CIO 岗位人员的培养是通过提供完整的、连续的学习内容和活动使 CIO 获得与其业务相关的知识与技能，人员培养能使 CIO 的思想政治素质和相关的业务素质不断提高。人员培养机制的设立是一项庞大、繁琐的工作，尤其是对于中小学 CIO 这一新鲜岗位而言。人员培养机制还需要尽快完善。

四、考核评价

中小学 CIO 工作的成效如何，需要进行合理的考核评价。中小学 CIO 岗位的考核评价是指对主体工作行为与工作结果全面、系统、科学地进行考察、分析、评价及反馈的动态过程。一般包括：考评的主体是谁、由谁来考评、要考评 CIO 的哪些方面、如何考评、考评周期等。公平、合理的考核评价能够促使岗位人员工作的积极性，反之则影响人员士气，对推动学校信息化事务的发展及信息化工作的有效集成带来负面影响。

问题四：中小学 CIO 的基本理念是什么？

如前所述，CIO 制度的困境之一就是思想观念的困境。CIO 到底是做什么的？根据《中小学校长信息化领导力标准》可以看出，中小学 CIO 职位的基本理念如下。

一、引领发展

CIO 是学校信息化工作的领头人。要认识到信息技术对教育发展的重要意义，理解国家教育信息化的方针政策与战略部署，把握信息技术带来的历史性机遇，引领教育理念变革，促进教学模式创新，推进管理方式转变，不断加快学校迈向现代化的步伐。

二、协同创新

CIO 是学校信息化工作的组织者。要深入了解信息化工作的系统性、复杂性，努力调动多方面积极因素，整合多方面资源，推进学校信息化发展。要加强与学校广大师生的沟通，达成加快信息化步伐的共识。要积极与科研机构、高等学校、高新企业等合作，寻求多方面的资源支持，推进学校信息化的快速、可持续发展。

三、提升素养

CIO 是学校信息化工作的实践者，要遵守国家信息技术应用的相关法律法规，规范信息技术应用行为，还要具备基本的信息素养，能利用数据驱动学习方式变革，要关注信息技术发展趋势，推进信息技术与教育教学的深度融合，提高教育教学质量。

问题五：中小学 CIO 的基本工作要求是什么？

中小学 CIO 机制的建立是一次深刻的学校组织变革，如此大的变革不可避免地会耗费相当大的人力、物力和财力，其带来的压力将不仅仅来自财政方面，也将来自制度演进中的内部摩擦，这种摩擦将是庞大且难以估量的。下面我们分别从战略、绩效、项目和数据四个方面对中小学 CIO 的基本工作要求进行深入分析，进一步明确中小学 CIO 工作要求，并推进 CIO 在教育信息化和教育现代化进程中的可操作性。

一、战略管理，顶层规划

在教育信息化高度发展的时代，如果学校管理层缺少足够的信息来源，无疑是缺少了一双洞察力极其敏锐的眼睛。所以，中小学 CIO 不仅要为学校高层决策提供充分的信息支持服务，而且要直接参与学校高层决策。例如，协助校长制订学校中长期发展战略、中长期发展规划以及年度工作计划等。在此之后，CIO 必须结合当前计算机、通讯和网络等技术的发展，制订一套与学校总体规划相配套的信息化发展战略和建设方案，同时制订出具体的实施方案，具体内容包括以下几点。

1. 依据有关规划要求，结合学校实际情况，组织编制信息化发展规划，并将其作为学校整体规划的重要组成部分，为学校高层决策提供信息支持。

2. 遵循新课程改革理念，以教育理念转变和教学模式创新为突破口，组织制订各学科应用信息技术的具体方案，推进信息技术与教育教学的深度融合。

3. 组织制订教师信息技术应用能力培训研修计划，提高教师信息素养和信息技术应用能力。

4. 组织编制信息技术课程教学计划，设计课内外信息技术主题活动，提高学生的信息素养和利用信息技术进行自主学习、合作学习和创新应用的能力和水平。

5. 依据有关政策，组织制订学校信息化规章制度，建立人事、财务、资产管理等信息化工作保障机制，促进学校信息化基础设施、教学资源的有效应用。

二、绩效管理，质量提高

中小学 CIO 的绩效管理是对实现学校长远战略规划和目标过程中各个阶段及各种构成因素的管理，并将绩效考核获得的信息资源用于激励教师不断改进工作，创造新的业绩，推动学校整体质量提高的管理活动。中小学 CIO 的学校绩效管理是对学校绩效实现过程中各个构成因素的管理，是通过学校长远规划的制订、各阶段、各层次目标分别确立、业绩评价，并将绩效用于提高学校质量的日常管理。中小学 CIO 的学校绩效管理是解放教师的积极性、创造性，激励他们不断提高业绩，并最终实现学校长远规划和各项目标的管理。因此，中小学 CIO 的学校绩效管理是建立在学校长远战略高度的管理。由于各个学校教职员工的年龄、性别、学历各有差异，各个学校生源构成不同、办学时间不等、文化底蕴不同、建构模式不同，所以要求学校管理者结合本校自身的特点，建立适合自己学校成长阶段的绩效管理体系，具体内容包括以下几点：

1. 制订切合实际的战略规划和准确的并具有激励性的目标；

2. 建立与目标相匹配的组织机构，对绩效管理方案进行推广；

3. 公正、公开的绩效考核方案与及时的反馈，以产生积极的效果；

4. 绩效成绩的高效应用，以促进教师专业发展，提高学校管理水平、服务水平与决策水平。

三、项目管理，组织实施

现代学校注重加强校园网络化平台建设，但由于中小学缺少信息化管理人才，特别是能够承担教育信息主管责任的角色，导致在推进中小学信息化建设的决策过程中，难免会出现盲目性和武断性情况，从而产生一些认识上的误区，造成不必要的资源浪费。所以，中小学 CIO 既要对信息技术有深刻理解，又要有深厚的教育理论素养，还要具备丰富的项目管理经验，能够从学校体制改革的高度，从全局的视角来综合考察、统筹规划，组织教师和有关人员制订科学、完整、系统的信息化建设方案。具体内容包括以下几点。

1. 推动教师运用信息技术，开展启发式、探究式、讨论式、参与式教学，研发多种主题、形式的校本课程，创新教学模式，提升教育教学质量。中小学 CIO 必须从学校可持续发展的战略高度认识教育信息技术文化建设的重要性，让师生在积极的信息技术文化中进行信息化的教与学，全面推进学校的信息化建设。

2. 组织教师参加培训，更新教育理念，提高信息素养和信息技术应用水平。推动教师运用网络自主学习，有效使用网络优质教育资源；利用网络研修社区，依托学习共同体，积极参加有关专业的学习活动，促进自身专业成长。中小学 CIO 是这支队伍的领头人，要因地制宜，根据本校的具体情况确定培训内容，制订系统的本校教师信息技术应用能力培训规划和计划，从教育思想、教育理论、教学设计到技术、技能以及信息技术与教育、教学深度融合等方面对全体教师实施全方位的培训，提高教师的综合素养和教育信息技术素养，尽快适应教育信息化发展的要求，全面提高学校信息化设施的利用效率。

3. 尊重教育规律和学生身心发展规律，不断优化信息技术学习环境，鼓励学生健康上网；满足学生的个性化发展需求，提升学生在信息化环境下的自主学习能力，增强学生运用信息技术发现问题、分析问题和解决问题的能力。中小学 CIO 应该根据本校学生的具体情况，积极在课堂内外普及信息技术，不断提高信息技术课程的质量。但是，在当前的中小学信息技术课程教学仍然令人担忧，中小学 CIO 必须从学校实际出发，积极采取措施加强信息技术课程的教学管理，努力提高信息技术课程教学质量。

4. 组织建立健全学校信息化发展规章制度，引导、规范广大教职员工在工作中积极、有效地应用信息技术，优化管理流程，提升管理效率。中小学 CIO 必须从学校可持续发展的战略高度认识信息技术文化建设的重要性，让师生在积极的信息技术文化中进行信息化的教与学，全面推进学校信息化建设，推动教师和学生主动探究，把握信息技术知识的内在联系，形成自己的认知结构，树立终身学习的观念。

5. 组织运用信息技术对人事、财务、资产、后勤、校园网络、安全保卫与卫生健康等进行管理，并逐步加强对教学质量的监控和学习过程的记录，提高利用信息技术服务师生的能力水平。

6. 组织建设校园信息网络，介绍学校工作成效，弘扬学校优良传统，向师生推荐优秀精神文化作品和先进模范人物，营造校园优良育人氛围，努力防范不良的流行文化、网络文化对学生的负面影响。

7. 组织建立“家庭—学校—社会”信息沟通系统，加强学校与家庭和社会的联系，帮助家长了解学校工作情况和学生身心发展特点，掌握科学育人的方法；争取社会和家长对学校工作的理解、支持，营造学校和谐发展的氛围。

四、数据决策，推动创新

近年来，互联网、大数据、人工智能等技术进入教育领域的速度不断加快，以致部分中小学教师缺乏充分的思想准备，不能迅速掌握不断更新的教育技术。作为中小学 CIO，应该对这个问题高度重视，根据教育、教学的具体需求，安排合适的时间，对学科教师进行系统的培训和指导，引导他们转变观念，使他们能将现代教育技术深度、有机地融合在教学实践中。与此同时，中小学 CIO 需要对学校信息化建设的各个方面进行创新，在大数据时代，需要利用数据分析辅助决策，运用数据思维进行创新，通过数据进行评估。

本章内容小结

本章我们学习了首席信息官这一新兴职位出现的历史背景和面临的困境（知识检查点 2-1），了解了首席信息官这一新兴职位出现的目的与意义（知识检查点 2-2），掌握了学校中首席信息官的岗位工作机制（能力里程碑 2-1）及首席信息官任职的基本要求（能力里程碑 2-2）。本章内容的思维导图如图 2-1 所示。

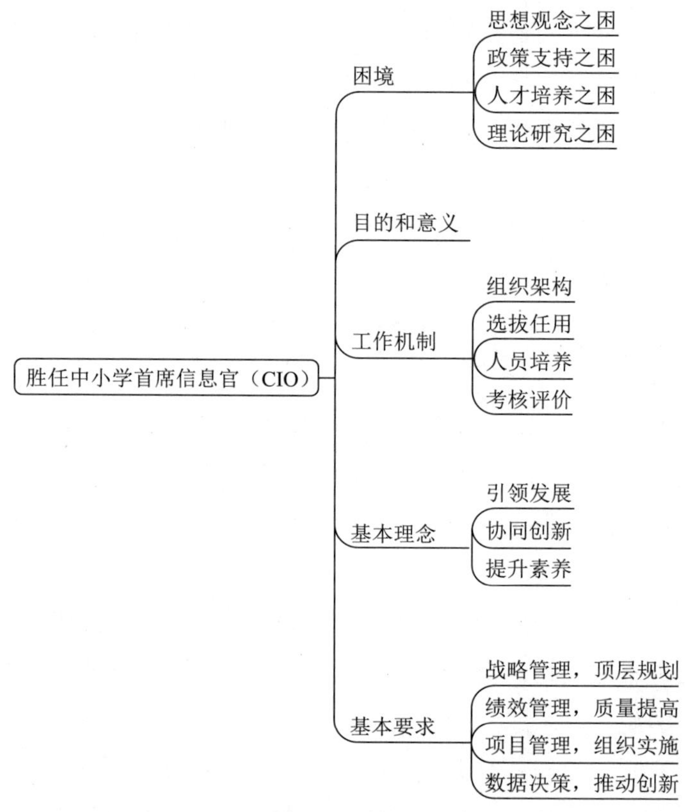

图 2-1　思维导图

自主活动：概述中小学设立 CIO 的任职要求

请学习者在学习完本章内容后，进行自我反思，并记录个人学习心得。

小组活动：中小学 CIO 的岗位工作机制

请学习者围绕本章的学习主题进行组内交流，并做好小组学习记录。

评价活动：评价本章知识与能力学习水平

一、简述题

1. 学校信息化建设为什么需要 CIO，CIO 的重要性和必要性体现在哪里（知识检查点 2-2）？

2. 如果你的学校中有 CIO，列出 CIO 做过哪些工作，思考其工作存在哪些问题（知识检查点 2-1、能力里程碑 1-1）。

二、实践项目

结合学校实际情况，列出学校信息化建设中需要 CIO 做的项目，根据项目的重要程度从上到下依次列出（能力里程碑 2-2）。

第三章　中小学首席信息官（CIO）的战略管理

本章学习目标

在本章的学习中，要努力达到如下目标：

◆ 了解战略管理的基本概念及特征（知识检查点 3-1）。

◆ 了解战略管理的发展阶段（知识检查点 3-2）。

◆ 能够将战略管理的实施过程应用于学校的具体战略中（能力里程碑 3-1）。

◆ 能够将战略决策的几种基本模型与学校具体工作相结合（能力里程碑 3-2）。

本章核心问题

战略管理是什么？战略管理的方法对于学校的规划设计有什么帮助？

本章内容结构

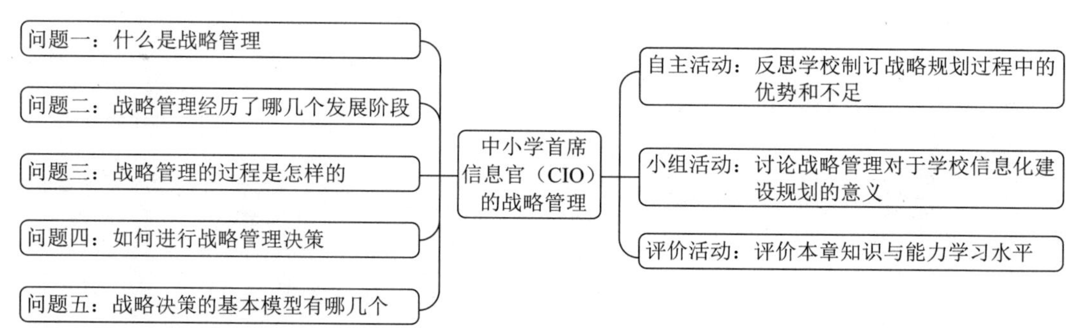

引　言

学校的战略管理是以学校的全局为对象，根据学校总体发展的需要而制订的。它所管理的是学校的总体活动，所追求的是总体效果。虽然这种管理也包括学校的局部活动，但是这些局部活动是作为总体活动的有机组成在战略管理中出现的。具体来说，战略管理不是强调学校某一部门的重要性，而是通过学校的使命、目标和战略来协调各个部门的工作。中小学 CIO 在进行战略管理的时候，要系统地对学校的全局进行分析，这需要 CIO 具备数据思维和创新思维能力及素养。

所谓“运筹帷幄中，决战千里外”，中小学 CIO 是学校信息化工作的带头人，不仅要认真研读国家教育信息化的方针政策与战略部署，还要将国家信息化的方针与本校的具体情况进行结合，科学地做出正确的战略判断，对学校的未来信息化发展进行规划设计，这更需要通过战略管理的理论指导和相关方法进行支持。

问题一：什么是战略管理？

战略管理（Strategic management）是指对一个企业或组织在一定时期的、全局的、长远的发展方向、目标、任务和政策以及资源调配做出的决策和管理。从学校未来发展的角度来看，战略表现为一种计划（Plan），而从学校发展历程的角度来看，战略则表现为一种模式（Pattern）；从行业层次来看，战略表现为一种定位（Position），从学校层次来看，战略则表现为一种观念（Perspective）。此外，战略也表现为学校在竞争中采用的一种计谋（Ploy）。

实际上，学校管理包括学校在完成具体目标时对不确定因素做出的一系列判断。战略管理是一个不确定的过程，因为学校对于危险和机遇有不同的理解。战略管理是指学校确定其使命，根据组织外部环境和内部条件设定战略目标，为保证目标的正确落实，依靠学校内部能力将这一决策付诸实施，以及在实施过程中进行控制的一种动态管理的过程。

学校战略管理体系设计的实质是围绕着学校的三个核心问题进行细化的过程，这三个核心问题分别为：学校在哪里？学校去哪里？我们何时竞争（行动）？“学校在哪里”是指学校的现状、优劣，以及学校如何从广泛的社会参与中选择有价值的目标领域与对象，以提供满足其需求的服务举措。“学校去哪里”是学校的未来发展方向。“学校何时行动”指学校在什么时间，怎样行动才能战胜竞争对手，这需要学校对竞争对手进行详细分析。

在战略管理的过程中，可以把学校看作一个组织或者机构。对于组织来说，战略管理具有以下特征。

一、系统性

从内容来分析，战略管理包括战略制订、战略实施、战略评价三个阶段。战略管理的各个阶段相辅相成，是一个整体的系统。战略制订是战略实施的基础，战略实施又是战略评估的依据，而战略评估反过来又为战略制订和战略实施提供经验和教训。三个阶段的系统设计和衔接，可以保证组织取得整体效益和最佳结果。

二、科学性

从战略设计的阶段来讲，由于每个组织的资源有限，要想知道何种策略更适合于该组织，就要从科学的角度出发，打造长期的竞争优势。经验表明，决策的成功率建立在科学的基础上，决策关系到一个组织的长期发展。

从战略评估的阶段来讲，如何科学、客观地判断战略实施过程中的成绩和不足，对一个组织今后发展目标的确定关系重大。随着互联网、大数据和人工智能技术的不断发展，战略管理的决策更加依赖于数据来源的准确性。分析过程的科学性和准确性，对战略实施关系重大，如果设计的目标没有建立在科学的基础上，这样的目标注定是不能够实现的。

三、艺术性

战略实施是战略管理过程中最困难的阶段，战略实施要求员工遵守严明的纪律，有承担责任的主动精神。成功的战略实施与管理者调动人员积极性的能力密切相关，这种能力关键在于管理者的艺术性，而不在于科学性，即艺术作用大于科学作用。战略设计非常好，但人际关系协调不周或不理想，这样的战略管理是失败的。战略实施涉及到组织中的其他部门和管理者，每个部门和管理者都面临这样一些问题：我们在实施组织战略中的任务是什么？如何为组织做好本职工作？战略的实施是鼓励整个组织的管理者和员工积极地投入到工作当中，并倡导管理者和员工团结一致、为目标而奋斗的精神。

四、稳定性

战略二字本身的含义是超前一段时间制订目标，在时间上有一定的超前性。在实际的管理工作中，战略需要有稳定性，不能朝令夕改，否则会使组织的发展、经营和管理发生混乱，从而给组织带来不必要的损失。这种稳定应是相对的，因为战略管理过程是建立在能够连续监控内部和外部的动态和趋势的基础上的。从发展的角度看，所有组织必须快速地适应各方面的环境变化。

问题二：战略管理经历了哪几个发展阶段?

一、早期战略思想阶段

在早期战略思想阶段，虽然没有形成完整的战略理论体系，但是已产生了很精彩的战略思想。早期战略思想阶段的三种观点如下。

1. 战略思想的第一种观点

20 世纪初，法约尔（Henri Fayol）对企业内部的管理活动进行整合，将工业企业中的各种活动划分成六大类：技术活动、商业活动、财务活动、安全活动、会计活动和管理活动。并提出了管理的五项职能：计划、组织、指挥、协调和控制，其中计划职能是企业管理的首要职能。这可以说是最早出现的企业战略思想。

2. 战略思想的第二种观点

1938 年，经济学家巴纳德（Chester I. Barnard）在《经理人员的职能》一书中，首次将组织理论从管理理论和战略理论中分离出来，认为管理和战略主要是与领导人有关的工作。此外，他还提出管理工作的重点在于创造组织的效率，其他的管理工作则应注重组织的效能。即如何使组织与环境相适应。这种“组织与环境相适应”的主张成为现代战略分析方法的基础。

3. 战略思想的第三种观点

19 世纪 60 年代，哈佛大学的安德鲁斯（Ed Andrews）对战略进行了四个方面的界定，将战略划分为四个构成要素，即市场机会、公司实力、个人价值观和渴望、社会责任。其中市场机会和社会责任是外部环境因素，公司实力与个人价值观和渴望则是内部因素。他还主张公司通过更好地配置自己的资源，形成独特的能力，以获取竞争优势。

二、传统战略理论阶段

1965 年，安索夫（H.igor Ansoff）出版了第一本有关战略的著作《企业战略》，成为现代战略理论研究的起点。从此以后，很多学者积极地参与企业战略理论的研究，这一时期出现了多种不同的理论学派。

1. 设计学派

设计学派以安德鲁斯教授及其同仁们为代表。设计学派认为，企业战略的形成必须由企业高层管理者负责，而且战略的形成应当是一个精心设计的过程，它既不是一个直觉思维的过程，也不是一个规范分析的过程。战略应当清晰、简明，易于理解和贯彻。

2. 计划学派

计划学派是以安索夫为杰出代表。计划学派认为，战略的形成是一个受到控制的、有意识的、规范化的过程。战略行为是对其环境的适应过程以及由此而导致的企业内部结构化的过程。

3. 定位学派

定位学派杰出代表人物是迈克尔・波特。定位学派认为企业在制订战略的过程中必须要做好两个方面的工作：一是企业所处行业的结构分析；二是企业在行业内相对竞争地位的分析。

4. 创意学派

创意学派认为战略的形成过程是寻找灵感的过程。

5. 认知学派

认知学派认为战略的形成是基于处理信息、获得知识和建立概念的认知过程，其中后者是战略产生的最直接、最重要的因素，而在哪一阶段取得进展并不重要。

6. 学习学派

学习学派与以往学派的不同之处在于，它认为战略是通过渐进学习、自然选择形成的，可以在组织上下出现，并且战略的形成与贯彻是相互交织在一起的。

7. 权力学派

权力学派认为，战略制订不仅要注重行业环境、竞争力量等经济因素，而且要注意利益团体、权力分享等政治因素。

8. 文化学派

文化学派认为，企业战略根植于企业文化及其背后的社会价值观念，其形成过程是将企业组织中各种有益的因素进行整合以发挥作用的过程。

9. 环境学派

环境学派强调的是企业组织在其所处的环境里如何获得生存和发展，其所起的作用不过是让人们关注环境因素。

10. 结构学派

结构学派把企业组织看成一种结构，是由一系列行为和特征组成的有机体，他们把战略制订看成一种整合，是由其他各种学派的观点综合而成的体系。

三、竞争战略理论阶段

在战略理论的发展过程中，以上 10 种战略学派都曾在一定时期内发挥过一定作用。但随着战略理论和实践的发展，战略理论的研究重点逐步转移到企业竞争方面，特别是 20 世纪 80 年代以来，经济学界和管理学界一直将企业竞争战略理论置于学术研究的前沿地位，从而有力地推动了企业竞争战略理论的发展。回顾近 20 年来的发展历程，竞争战略理论涌现出了三大主要战略学派：行业结构学派、核心能力学派和战略资源学派。

1. 行业结构学派

行业结构学派的创立者和代表人物是波特（Michael E.Porter）教授。波特的杰出贡献在于，实现了产业组织理论和企业竞争战略理论的创新性兼容，并把战略制订过程和战略实施过程有机地统一起来。波特认为，构成企业环境的最关键部分就是企业投入竞争的一个或几个行业，行业结构极大地影响着竞争规则的确立以及可供企业选择的竞争战略。因此，行业结构分析是确立竞争战略的基石，理解行业结构永远是战略制订的起点。为此，波特建立了 5 种竞争力量分析模型，他认为一个行业的竞争状态和盈利能力取决于 5 种基本竞争力量之间的相互作用，即进入威胁、替代威胁、买方讨价还价能力、供方讨价还价能力和现有竞争对手的竞争，而其中每种竞争力量又受到诸多经济技术因素的影响。在这种指导思想下，波特提出了赢得竞争优势的三种基本竞争战略：总成本领先战略、差异化战略、专一化战略。

2. 核心能力学派

1990 年，普拉哈拉德和哈默尔（C.K.Prahalad and Gary Hamel）在《哈佛商业评论》上发表了《企业核心能力》一文。其后，越来越多的研究人员开始投入企业核心能力理论的研究。所谓核心能力，就是在所有能力中最核心、最根本的部分，它可以通过向外辐射，作用于其他各种能力，影响着其他能力的发挥和效果。一般来说，核心能力具有如下特征：核心能力可以使企业进入各种相关市场参与竞争；核心能力能够使企业具有一定程度的竞争优势；核心能力应当不会轻易地被竞争对手所模仿。

核心能力学派认为，现代市场竞争与其说是基于产品的竞争，不如说是基于核心能力的竞争。企业的经营能否成功，已经不再取决于企业的产品、市场的结构，而取决于其行为反应能力，即对市场趋势的预测和对变化中的顾客需求的快速反应，因此，企业战略的目标就在于识别和开发竞争对手难以模仿的核心能力。另外，企业要获得和保持持续的竞争优势，就必须在核心能力、核心产品和最终产品三个层面参与竞争。在核心能力层面上，企业的目标应是在产品性能的特殊设计与开发方面建立起领导地位，以保证企业在产品制造和销售方面的独特优势。

3. 战略资源学派

战略资源学派认为，企业战略的主要内容是如何培育企业独特的战略资源，以及最大限度地优化配置这种战略资源的能力。在企业竞争实践中，每个企业的资源和能力是各不相同的，同一行业中的企业也不一定拥有相同的资源和能力。这样，企业战略资源和运用这种战略资源的能力方面的差异，就成为企业竞争优势的源泉。因此，企业竞争战略的选择必须最大限度地有利于培植和发展企业的战略资源，而战略管理的主要工作就是培植和发展企业对自身拥有的战略资源的独特的运用能力，即核心能力，而核心能力的形成需要企业不断地积累战略制订所需的各种资源，需要企业不断学习、不断创新、不断超越。只有在核心能力达到一定水平后，企业才能形成自己独特的、不易被人模仿、替代和占有的战略资源，才能获得和保持持续的竞争优势。

尽管波特的行业结构分析及核心能力和资源观在企业战略研究的侧重点上各有不同，但鉴于它们以买方市场为主要经济特征，复杂多样的环境变化作为战略研究的时代背景，而将市场竞争作为战略研究的主要内容，以谋求建立和维持企业的竞争优势作为战略目标，我们可以将它们统称为竞争战略理论。

四、动态竞争战略理论阶段

随着时代和社会的发展，全球众多企业面临的竞争环境更加易于变化和难以预测。面对竞争环境的快速变化、产业全球化竞争的加剧、竞争者富于侵略性的竞争行为以及竞争者对一系列竞争行为进行反应所带来的挑战，传统战略管理的思想方法已无法满足企业战略管理决策的需要。因此，管理学者提出了新的战略理论："动态能力论"和"竞争动力学方法"。

1. 动态能力论

该理论的提出主要基于以下的认识：过去的战略理论是由从企业战略的层次上对企业如何保持竞争优势的分析构成的，而对企业为什么要在快速变化的环境中建立竞争优势以及怎样建立竞争优势的论述不多。动态能力论则主要是针对基于创新的竞争、价格与行为的竞争、增加回报以及打破现有的竞争格局等方面的竞争进行的。它强调了在过去的战略理论中未能受到重视的两个方面：第一，"动态"的概念是指企业重塑竞争力以使其与变化的经营环境保持一致的能力，当市场的时间效应和速度成为关键、技术变化的速度加快、未来竞争和市场的实质难以确定时，就需要企业有特定的、对创新的反应。第二，"能力"这一概念强调的是战略管理在适当地使用、整合和再造企业内外部的资源和能力以满足环境变化的需要。

2. 竞争动力学方法

竞争动力学方法是在竞争力模式理论、企业能力理论和企业资源理论的基础上，通过对企业内、外部影响企业经营绩效的主要因素，即企业之间的相互作用，参与竞争的企业质量、企业的竞争速度的灵活性分析，来回答在动态的竞争环境条件下，企业应怎样制订和实施战略管理决策，才能获得超过平均水平的收益和竞争优势的维持。

竞争动力学的研究和分析在国外受到越来越多的关注，而且有关这方面的研究成果被普遍地应用在战略管理的实践中。首先，它研究处于竞争状态的企业之间的竞争作用，这种竞争作用产生的原因，以及竞争作用发生的可能性；第二，它研究和分析影响企业竞争或对竞争进行反应的能力要素；第三，它还对不同条件下的竞争结果进行了分析和对比。

成熟的战略管理理论认为，战略管理是由环境分析、战略制订、战略实施、战略控制四个不同阶段组成的动态过程，这一过程是动态的、不断更新的。这要求企业的管理者们必须创造性地设计、应用战略管理系统，并且这一系统应该有足够的弹性以适应企业所面临的时刻变化着的外部环境。这一动态过程理论上称为战略管理过程。以战略管理过程理论为依据，进行的动态企业战略管理研究，在国内外开始的时间并不是很长，正处于发展阶段。我国应当高度重视战略管理理论研究，指导企业在激烈的竞争中立于不败之地。

问题三：战略管理的过程是怎样的?

广义的战略管理是指运用战略对整个组织进行管理。狭义的战略管理是指对战略的制订、实施、控制和修正。狭义战略管理包括以下几点含义：战略管理是决定组织长期问题的一系列重大管理决策和行动，包括组织战略的制订、实施、评价和控制。战略管理是组织制订长期战略和贯彻这种战略的活动。战略管理是组织处理自身与环境关系过程中实现其愿景的管理过程。战略管理过程包括三个阶段：战略制订、战略实施和战略评价。

一、战略制订

战略制订包括确定组织任务，分析组织外部的机会与威胁和组织内部的优势与弱点，建立长期目标，制订可供选择的战略，以及选择特定的实施战略。战略制订过程所要决定的主要问题有：组织进入何种新产业？放弃何种产业？如何配置资源？是否进入新的地域？是否扩大市场范围？是否扩大经营或进行多元经营？是否进行合并或建立合作组织？如何防止被对手接管？由于没有任何组织拥有无限的资源，战略制订者必须确定在可选择的战略中，哪一种能够使组织获得最大收益。战略决策将使组织在相当长的时期内与特定的产品、市场、资源和技术相联系。

二、战略实施

在这一过程中，要求组织树立年度目标、制订政策、激励员工和配置资源，各个职能部门制订具体的战术，以便使制订的战略得以贯彻执行，也就是战略实施阶段。战术运用活动包括培育支持战略实施的组织文化，建立有效的组织结构，制订预算，建立和使用信息系统，制订具体行动方案。战术运用往往被称作战略管理的行动阶段，实施意味着动员员工和管理者将已制订的战略付诸行动。已经制订的战略无论多么好，但若未能实施，便不会有任何实际作用。战术运用活动受组织中的所有员工及管理者的素质和行为的直接影响，往往被看作是战略管理过程中难度最大的阶段，因此，在该阶段人力资源的开发和利用是关键环节。

三、战略评价

这是战略管理的最后阶段。由于外部及内部因素处于不断变化之中，所有战略都将面临不断地调整与修改，所以管理者需要及时地了解哪一特定的战略管理阶段出了问题，而战略评价便是获得这一信息的主要方法。战略评价活动包括：重新审视外部与内部因素；度量绩效；采取纠正措施。战略评价是必要的，因为今天的成功并不保证明天的成功，成功总是和新的、不同的问题并存，自满的组织必然失败。

可以看出，战略并不是“空的东西”，也不是“虚无”，而是直接左右一个组织能否持续发展和持续收益的决策。战略管理是依据组织的战略规划，对组织的战略加以监督、分析与控制，特别是对组织的资源配置与发展方向加以约束，对组织的绩效不断进行度量，最终促使组织顺利达成目标的过程管理。

问题四：如何进行战略管理决策?

战略管理决策是关系组织全局和长远发展的重大问题的决策，是非程序化的、有风险的决策。涉及组织发展方向、经营方针、经营目标、产品发展、技术改造、市场开发、组织转向、人力资源开发等事关组织生存的重大问题。因此，在决策中要注意依靠集体智慧，进行严格的可行性论证。在进行战略决策时必须注意：

充分考虑组织的经营环境因素(包括经济因素、政治因素、科技因素、法律因素和社会因素等)；

结合组织内部条件(包括人力、物力、财力、自然条件、技术能力、竞争能力、适应能力以及管理水平等)认真分析研究。

战略管理决策是战略管理中极为重要的环节，起着承前启后的枢纽作用。战略决策依据战略分析阶段所提供的决策信息，包括行业机会、竞争格局、组织能力等方面。战略决策要综合各项信息确定组织战略及相关方案。战略实施则更详细地分解展开各项战略部署，实现战略决策目标。

战略管理决策可分为战略定位决策、战略指标决策、业务战略决策三个步骤。

一、战略定位决策

战略决策阶段的首要任务是解决战略定位问题，相当于制订“做什么”的组织战略。对于一般企业的战略定位决策来说，重点包括市场范围定位和产品门类定位，二者密切联系，组合形成一定的战略单元。战略定位依据战略分析阶段所分析的不同战略单元的行业变化规律、竞争格局和组织自身能力。

二、战略指标决策

在组织战略定位决策之后，组织需要确定各战略单元的战略指标。组织要对不同战略单元的相关指标进行综合分析，包括不同战略单元的构成比重，资源的比重，相对竞争力比较等，以优化、调整各战略单元的战略目标，促进整体经营最优化。组织在进行战略指标决策时往往受组织自身资源状况的约束，要综合权衡不同战略单元的机会和资源投入，要考虑资源获得的渠道以及投入的策略，要结合行业状况进行分析。

三、业务战略决策

在战略定位决策和战略指标决策的基础上，组织需要制订保障指标实现的相关业务战略。对于一般企业来说，这个步骤的重点包括提高企业资本收益率的业务战略，如成本领先战略、质量领先战略；提高可投入资本量的业务战略，如融资战略、并购战略等；提高市场份额的业务战略，如低价战略、渠道战略等；提高资本产出的业务战略，如精益生产战略、流程再造战略、信息化战略等。提高净利润的目标依赖于以上各项业务战略的制订和实施。因此，业务战略决策需要业务职能领域的专业分析，此处的分析不同于战略管理循环中的战略分析，其分析内容更为广泛和灵活。

问题五：战略决策的基本模型有哪几个？

一个组织在进行战略管理和战略管理决策的过程中，往往可以将已有的基本模型作为开展相关工作的基础。当前，战略管理决策的基本模型主要是 SWOT 模型。除 SWOT 模型外，还有其他模型可同时用于战略分析和战略决策，如波士顿矩阵、GE 矩阵等。

一、SWOT 模型

SWOT 模型（也称 TOWS 分析法、道斯矩阵）即态势分析法，20 世纪 80 年代初由美国旧金山大学的管理学教授韦里克（Heinz Weihrich）提出，该方法经常被用于组织战略制订、竞争对手分析等。在一般的战略规划报告里，SWOT 模型是一个众所周知的工具，它包括分析组织的优势（Strength）、劣势（Weakness）、机会（Opportunity）和威胁（Threats）。因此，SWOT 模型实际上是将对组织内外部条件各方面的内容进行综合和概括，进而分析组织的优劣势、面临的机会和威胁的一种方法。通过 SWOT 模型，可以帮助组织把资源和行动聚集在自己的强项和有最多机会的地方。

二、波士顿矩阵

波士顿矩阵 (BCG Matrix) 是制订组织战略最流行的方法之一。该方法是由波士顿咨询集团 (Boston Consulting Group, BCG) 在上世纪 70 年代初开发的。波士顿矩阵将组织的每一个战略事业单位标在一种二维的矩阵图上，从而显示哪个战略事业单位提供高额的潜在收益，以及哪个战略事业单位是组织资源的短板。波士顿矩阵指出，“组织若要取得成功，就必须拥有增长率和市场份额各不相同的产品组合，组合的构成取决于现金流量的平衡”。由此看来，波士顿矩阵的实质是通过业务的优化组合实现组织的现金流量平衡。

波士顿矩阵的精髓在于把战略规划和资本预算紧密结合了起来，把一个复杂的组织行为用两个重要的衡量指标来分为四种类型，用四个相对简单的分析来应对复杂的战略问题。该矩阵帮助多种经营的公司确定哪些产品宜于投资，宜于操纵哪些产品以获取利润，宜于从业务组合中剔除哪些产品，从而使业务组合达到最佳经营成效。

按照波士顿矩阵的原理，产品市场占有率越高，创造利润的能力越大；另一方面，销售增长率越高，为了维持其增长及扩大市场占有率所需的资金亦越多。这样可以使企业的产品结构实现产品互相支持，资金良性循环的局面。

三、GE 矩阵

针对波士顿矩阵所存在的很多问题，美国通用电气公司（GE）于 70 年代开发了新的投资组合分析方法——GE 矩阵 (GE Matrix/Mckinsey Matrix)。GE 矩阵又称通用电气公司法、麦肯锡矩阵。GE 矩阵一般是结合波士顿矩阵进行比较和讨论，因为 GE 矩阵可以说是为了克服波士顿矩阵的缺点所开发出来的。由于基本假设和很多局限性都和波士顿矩阵相同，最大的改善就在于用了更多的指标来衡量两个维度。

相比波士顿矩阵，GE 矩阵也提供了产业吸引力和业务实力之间的类似比较，但不像波士顿矩阵用市场增长率来衡量吸引力，用相对市场份额来衡量实力，只是单一指标；而 GE 矩阵使用数量更多的因素来衡量这两个变量，纵轴用多个指标反应产业吸引力，横轴用多个指标反应组织的竞争地位，同时增加了中间等级。也由于 GE 矩阵使用多个因素，可以通过增减某些因素或改变它们的重点所在，很容易地使 GE 矩阵适应经理的具体意向或某产业特殊性的要求。

案例分析：北京市十一学校的战略要素分析

北京市十一学校的使命是创造适合学生发展的教育，该校的战略目标是创造一流的质量，卓越的团队，成为师生精神家园和成长乐园的和谐学校。该校在学校战略管理方面成功的关键因素有以下几点。

一、教师

人人都是教育者，每一位教师都必须自觉担负起立德树人的使命。该校能够充分认识师生关系在提高教育教学质量中的基础性、关键性作用，增加师生相处机会，确保必需的师生相处时间，形成敬业乐业的教师文化。

全人教育能力。重视对教师管理能力和管理素养的培养。加强教学班建设、领导学生内心、塑造学生健全人格，需要高超的教育艺术，仅有学科教学能力已经无法应对今天的教育工作。树立高远志向。每一位优秀教师都要具有成为教育家的理想，引领更多的教师成为学生喜欢的教师。尊重教师的个人教学风格，总结一线教师的创造性成果，挖掘日常教学的独特价值，营造优秀教师成长的氛围，让更多的教师能够承担六年一贯的教育教学任务。实施教师身心健康工程，实行个性化健康服务。

二、课程

落实首席教师负责制，实行课程组独立预算。进一步明确每一门课程的定位，充分挖掘课程价值，不随意更改，不随波逐流。加强高端课程与自主招生课程、竞赛课程的整合研究，进一步构建适合优秀学生的课程体系。加强课程实施的诊断，不断修正和完善课程内容及实施方式。缩短单位课程教学时间，增加选择机会。构建优质课程奖励机制，引领课程建设走向更高层次。

三、个性化

实现课堂教学向个别化教学方式的重大转变。最大限度减少学校、年级、教学班的统一活动，研究常规工作个别化实施的操作办法。建立学生个别化分析和诊断机制。任何人不得占用学生的自主时间，对课堂教学以外的时间要确保学生自主安排，确因工作需要有所变动，必须通过规范的程序与学生协调，并报学校批准。研究和分析每一位学生的学习路径，以学习路径分析带动和推进个性化教学。加强个性化学习空间的建设。

四、内动力

学生的内动力是在做自己喜欢的事情的过程中自然而然产生的。通过提供富有选择性的课程和课外活动，为学生搭建平台做自己喜欢的事情，并从中培养学生的责任意识，这是激发学生内动力的基本途径。让学生充分体验自主学习带来的成功体验，特别要利用小学阶段的机会，科学设计，认真实施，让学生感受到自主学习的成效。通过目标设定、职业考察、生涯规划，引领学生成长的自觉性。学会等待。学生内动力的生长非一日之功，但每一项工作都可能朝着目标逼近，重要的是始终如一的坚持。考试等压力带来的动力不可能成为内动力，一旦压力消失，动力也自动消失。因此，不要试图把施压作为激发学生内动力的手段，但要通过对命题的研究，让考试本身成为激发学生学习动力的重要环节。

五、国际化

高水平、高定位，将学校建设成为国际化学校，立足全体学生的国际化教育，努力培养具有国际视野、通晓国际规则、能够参与国际事务和具有国际竞争力的国际化人才。进一步完善已经引进的国际品牌课程，将其先进理念和优质资源融入我校的课程，优化学生的国际教育课程，打造北京市十一学校的特色课程。逐步开发中外合作校本课程。重视艺术、体育、技术等课程在学校国际化建设中的作用。丰富国际教育课程，引进国外优质课程资源，全面实施分层、分类、综合课程，最大限度地提供选择性课程。重视国际教育师资队伍建设，加强优秀双语教师的培养力度，逐渐形成内培和外引并重的用人机制，全面提升学校教师队伍的国际化水平。重视与非英语国家的教育交流与合作。扩大留学生国别，开发新的生源地。

六、数字化

注重对基础网络通信设施的升级改造和专业规范维护，确保数据传输的安全、稳定。加大基于移动互联网和传统桌面端应用的同步互通，确保信息的发布和接收能有效到达和反馈。加强自动化数据处理技术手段在教育教学诊断分析中的使用，为教师及管理者等提供有效、直观的图表分析及决策依据。注重累积教师、学生成长及学校常规运行的相关数据，形成大数据模型，为教育教学提供服务。重视教师在移动互联背景下常态化、主流化办公应用的使用习惯培养、应用水平的提升，更新完善学科十大必备技术素养，并帮助教师掌握。加快各个学科 O2O 教学模式的探索，基于学科实际需求，逐渐形成一些典型教与学线上线下融合的做法。研究学生自带设备后，其学习习惯与学习方式、交往方式的转变，以及对硬件配置和新型学习空间的需求，改造软硬件环境，为学生主动学习和个性化成长服务。充分考虑各方需求，整合相应资源和服务，推动主要平台功能完善和双语化，满足师生的大部分需求。

七、生源

始终坚持通过提高教育教学质量、打造学校品牌以改善生源的基本价值取向。尤其是要通过构建优秀学生成长平台、开发优秀学生课程体系、提升优秀学生培养质量，吸引优秀学生选择北京市十一学校。以培养学生的全面素质，为学生提供更适合成长的教育为切入点，通过培养目标、教师、课程、学制、办学特色的开发，吸引优秀学生。优化“六年一贯制课程”实验，明确实验定位，优化教师队伍，着眼于宽基础的高素质人才的培养目标。

八、标准化

细化各学科课程标准，逐步形成师生共享、教学可依的有效工具。细化工作常规，对已有经验进行标准化管理，打造简捷方便的分享平台，构建新的工作流程改进机制。建立标准化流程，在工作中做到有章可循，有据可依，明确责任，从而有效地减少工作上的失误，确保各项工作能够及时、准确、快速、高效地完成。

（摘自：《学校如何运转》，李希贵，教育科学出版社，2019.8）

本章内容小结

本章我们学习了战略管理的基本概念及特征（知识检查点 3-1），了解了战略管理的发展阶段（知识检查点 3-2），掌握了战略管理的过程（能力里程碑 3-1）及战略决策的三种基本模型（能力里程碑 3-2）。本章内容的思维导图如图 3-1 所示。

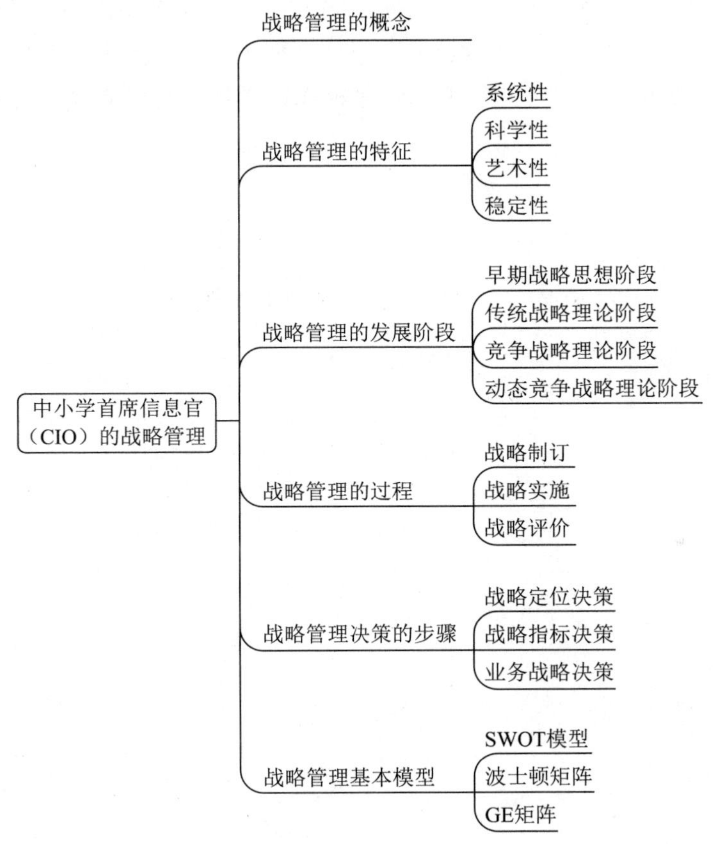

图 3-1 思维导图

自主活动：反思学校制订战略规划过程中的优势和不足

请学习者在学习完本章内容后，进行自我反思，并记录个人学习心得。

小组活动：讨论战略管理对于学校信息化建设规划的意义

请学习者围绕本章的学习主题进行组内交流，并做好小组学习记录。

评价活动：评价本章知识与能力学习水平

一、名词解释

战略管理（知识检查点 3-1）

二、简述题

1. 学校在进行战略制订过程中是否运用过战略管理？如果运用过，运用过哪些方法？如果没有用过，你认为哪些方法可以运用在学校战略管理过程中（能力里程碑 3-2）？

2. 如果你是学校的 CIO，在进行战略管理时你觉得最重要的步骤是什么，为什么（能力里程碑 3-1）？

三、实践项目

运用 SWOT 模型对学校的某一信息化建设战略进行模拟决策（能力里程碑 3-2）。

第四章　中小学首席信息官（CIO）的绩效管理

本章学习目标

在本章的学习中，要努力达到如下目标：

- ◆ 了解绩效管理的基本概念（知识检查点 4-1）。
- ◆ 了解绩效管理的相关理论（知识检查点 4-2）。
- ◆ 能够将学校绩效管理应用于学校的具体管理工作中（能力里程碑 4-1）。
- ◆ 能够将绩效技术模型结合绩效管理应用到学校具体管理工作中（能力里程碑 4-2）。

本章核心问题

绩效管理是什么？绩效技术模型对于学校的绩效管理有什么帮助？

本章内容结构

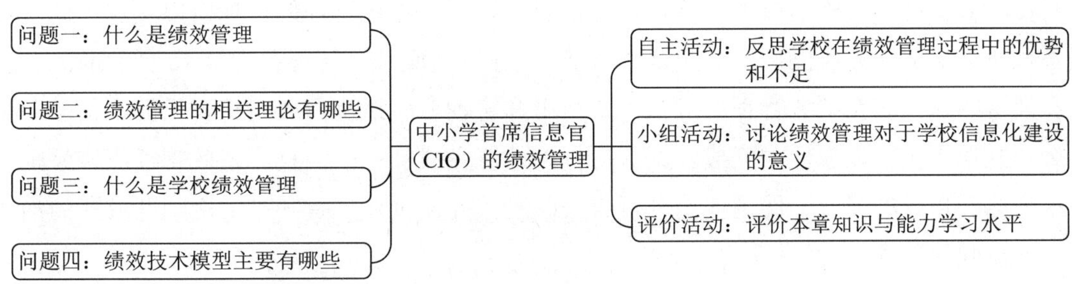

引　言

采用适合的绩效管理，将绩效管理方法认真落实，能够使组织形成一个良性循环，有利于提高各方面的工作质量，也有利于提升个人、部门和组织的绩效。对于学校来说也是如此，有效的绩效管理工作，可以不断提升教师的教育教学水平，提升学校管理部门的管理质量和效率，提升整个学校的核心能力和竞争力。当前，绩效管理是教育管理的研究热点之一，但中小学绩效管理的计划和实施仍处于起步阶段。因此，面对学校外部和内部环境的不断更新和变化，中小学 CIO 在学校的绩效管理工作中，必须不断提升教学管理的全面性，注重技术应用的适当性，只有这样，才能提升学校的绩效管理水平，提升学校的核心能力和竞争力及学校整体的教育教学质量。

问题一：什么是绩效管理？

一、 绩效管理的概念

绩效是指组织中个体或群体的工作行为和表现，以及其直接的劳动成果、工作业绩和最终效益的统一体。从管理学角度看，绩效是组织期望的结果，是组织为实现其目标而展现在不同层面上的有效输出，它包括个人绩效和组织绩效两个方面。组织绩效是建立在个人绩效实现基础上的，但个人绩效的实现并不一定保证组织是有绩效的。如果组织的绩效按一定的逻辑关系被层层分解到每一个工作岗位以及每一个人，则只要每一个人都达成了组织的要求，组织的绩效就能够得以实现了。

绩效管理是指管理者用来确保员工的工作活动和产出与组织的目标保持一致的手段及过程。绩效管理是通过识别、衡量和传达有关员工工作绩效水平的信息，从而使组织的目标得以实现的一种逐步定位的方法。由于组织与员工在实现既定目标的前提下是一个不可分割的有机体，所以绩效管理只有在针对组织进行定位的前提下才能够对作为组织成员的个人的行为进行定位。

为了更好地实现绩效管理，组织管理者必须能够准确、清晰地表达组织的目标与战略，从而在绩效管理过程中向员工准确地传达信息，以保证绩效管理的目标得以实现。绩效管理不是简单地被认为仅仅是一个测量和评估的过程，而应该是管理者和员工之间相互创造、相互理解的途径。在绩效管理的过程中，员工和管理者应该明白：组织要求的工作任务是什么？这项工作应该怎样去完成？到什么程度才算完成？……而且，绩效管理应该鼓励员工提高他们自身的绩效，促进他们进行自我激励，并通过管理者和员工之间开放式的沟通来拉近彼此的关系。

二、 绩效管理过程

绩效管理是一个完整的系统，是一个循环的过程。这个系统循环的周期通常分成五个步骤：绩效计划、绩效实施与管理、绩效考核与评估、绩效反馈、绩效考核结果的应用。

1. 绩效计划

绩效计划作为绩效管理流程的第一个环节，是绩效管理实施的关键与基础所在。在绩效计划阶段，管理者和员工之间需要在对员工绩效的期望问题上达成共识。在共识的基础上，员工对自己的工作目标做出承诺。在这个阶段，管理者和员工的共同投入与参与是进行绩效管理的基础，如果是管理者单方面布置任务、员工单纯接收任务，就变成了传统的管理活动，失去了协作的意义。

2. 绩效实施与管理

制订了绩效计划之后，员工就开始按照计划开展工作。在工作过程中，管理者要指导和监督员工的工作，及时解决发现的问题，并调整绩效计划。绩效计划并不是在制订了之后就一成不变的，而是随着工作的开展根据实际情况不断调整。在整个绩效期间，需要管理者不断地对员工进行指导和反馈。

3. 绩效考核与评估

绩效考核可以根据具体情况和实际需求进行月考核、季考核、半年考核和年度考核。绩效考核与评估是一个按事先确定的工作目标及衡量标准，考察员工实际完成的绩效情况的过程。考核和评估的依据就是双方在一开始达成一致意见的关键绩效指标，同时，在绩效实施与管理过程中所收集到的能够说明员工绩效表现的数据和事实可以作为员工是否达到优秀绩效指标要求的证据。

4. 绩效反馈

绩效评估不是打出一个分数就结束了，管理者还需要与员工依次进行面对面的交谈。通过绩效反馈面谈，管理者对员工进行适当、明确的指导，可以使员工了解管理者对自己的期望，认识自己有待改进的方面；同时员工也可以提出自己在完成绩效目标的过程中遇到的困难，请求管理者的指导，最终将员工的个人发展与组织目标结合起来，达到提高绩效的目的。

5. 绩效考核结果的应用

当绩效考核完成后，考核结果并不是可以束之高阁、置之不理的，而是要与其他相应的管理环节相衔接。主要有以下几个管理衔接方式：制订绩效改进计划、组织培训、薪酬奖金的分配、职务调整、员工职业发展、人力资源规划等。

三、绩效管理与信息技术

传统上，绩效管理的定义中并不包含信息技术，但随着以互联网、大数据和人工智能为代表的信息技术的发展融入生活的方方面面，信息技术成为任何系统的重要组成部分。最近的调查表明，在绩效管理中使用信息技术所带来的优越性越来越突出，信息技术为有效地执行绩效管理的五个步骤提供了便利。

一般来说，具有管理性质的自我服务程序允许管理人员进入员工记录和绩效信息数据库，并提供工具分析相关数据，但这种自我服务程序没有允许员工访问个人人力资源信息的门户网站更通用。因此，要最大限度地完成绩效管理过程的五个步骤，管理人员和员工需要经常合作，并成为这一过程的共享主体。因此，管理者和员工都可以进入、访问和修改绩效信息的门户平台是必不可少的。

虽然一个绩效管理系统可以提供多种便利，特别是数据的集中和整合，方便的数据输入和检索。但是，如果技术不能正常运作、运用不当或者过分依赖技术，也可能带来挑战，因此在设计一个绩效管理系统时应注意避免信息超载、过度曝光、过分依赖自动化、沟通不良等问题。

信息技术可以满足大量绩效数据的不断收集和即时存取的需要，但也可能造成信息超载，信息超载可能对员工工作职责的完成有不利影响，使得他们经受压力、加班，甚至不得不把工作带回家处理。频繁地通过自动化的系统收集和共享与绩效有关的信息的工作行为，有削弱信息的重要性和价值的风险。绩效管理系统的组织者应注意使用更新的方式来保持与使用者的互动，并确保每一个数据请求（例如关于同事的绩效反馈请求）是必要的，包括请求的原因、是否允许匿名，以及如何使用数据。

信息技术极大地支持了绩效管理数据的收集和信息沟通，然而，利用技术来沟通与感情主体有关的类似于工作绩效方面的信息，也可能造成混乱。例如一些交流工具，如留言工具和电子邮箱，这些工具容易使用，发件人还没仔细考虑，就已经共享了信息，这也增加了让信息接收者误解的机会。但是如果是在特定的绩效管理系统网站，能够提供绩效反馈和知识，并且这些反馈将会在今后进行评论和使用，将迫使发件人在反馈前必须深思熟虑。

问题二：绩效管理的相关理论有哪些？

一、利益相关者理论

1963 年，斯坦福大学研究所给出了利益相关者的定义：对企业来说，存在这样一些利益群体，如果没有他们的支持，企业就无法生存。后来，利益相关者理念被管理学界广泛接受，并得到了进一步发展。“社会责任派”的代表人物安索夫（Ansolf）认为，“要制订理想的企业目标，必须综合考虑企业的诸多利益相关者之间相互冲突的索取权，他们可能包括管理人员、下任股东供应商以及顾客”。另一位经济学家 Dill 描述了 20 世纪 70 年代西方企业逐步接受利益相关者理论的影响：“我们原本只是认为利益相关者的观点会作为外因影响公司的战略决策和管理过程……，但变化已经表明，我们今天正从利益相关者影响（Stakeholder influence）迈向利益相关者参与（Stakeholder participation）”。

1977 年，美国宾夕法尼亚的沃顿学院（Wharton School）开设了利益相关者管理课程，旨在将利益相关者的概念应用于企业战略管理，并逐步形成了一个完善的分析框架、由于安索夫、弗里曼等进行了开创性的研究，布莱尔、多劳逊、米切尔等学者致力于完善利益相关者理论的整体框架和实际应用，使利益相关者理论经历了企业依存观（1963–1984 年）、战略管理观（1984–1995 年）、动态演化观（1995 年至今）三个阶段的发展，并取得了丰硕的成果。

约瑟夫·斯蒂格利茨于 1985 年首次提出了多重委托代理理论（multiple principal agent theory），又称为“利益相关者理论”。该理论认为公司有多个利益相关者（值得一提的是，在许多国家的法律框架中，公司的目标不是追求价值最大化，而是满足利益相关者的不同需求）。在这个理论中，公司决策被描述成多个利益相关者合力的结果。因此，共生互动利益联系，互惠互利是利益相关者的核心所在，契约是利益关系得以维系的基础。

二、激励需要理论

“激励需要理论”由美国管理学家麦克莱兰（David·C·Mceleland）提出。该理论认为，人的基本需求有三种，即成就、权力、社交。三种需求与管理工作都有特别的关系。麦克莱兰发现，具有较高成就欲的人对成就有一种强烈的期望，同样也强烈担心失败，而且喜欢表现自己；具有较高权力欲的人，对施加影响和控制表现出极大的关心；具有较高社交欲的人，通常从友爱中得到快乐和满足，他们总是设法避免被别人疏远而带来的痛苦，而且特别注重保持一种融洽的社会关系。激励需求理论在管理方面的借鉴意义主要体现在以下几个方面。

第一，个人需求与组织目标的一致性。过去我们强调服从组织，实际上也就忽略了个人需求对组织目标实现的影响。在保证组织目标实现的前提下，尽可能满足个人需求，充分调动个人的积极性，使每个人的才智和能力得以发挥，从而实现人力资源的最大化。在组织内部还应注重权力的分解和分配，使每个人都感受到权力、责任和利益的存在。要强调离开了组织就无法满足个人的需求。员工参与管理在今天同样有积极的现实意义，通过员工和干部参与各级管理工作，使他们体验上级管理者的信任，并产生成就感，从而为组织目标的实现提供可靠保证。

第二，融洽的组织氛围及人际关系也是一种激励。注重人际交往，追求社会和谐是中华民族的美德之一。领导者应努力为组织营造良好氛围，但组织成员之间建立起融洽、友爱的关系，上下级能够相互谅解，遇到困难同心协力、互相帮助，使组织具有强大的凝聚力。心情舒畅的工作环境能激发人们的积极性和创造性。注重对人的心理、行为研究，创造良好的工作环境，尽可能满足组织成员的心理需求是一种有效的激励方式。

第三，重视目标设置的合理性。组织目标的设置要避免脱离现实条件，目标的实现能使人产生成就感，从而产生激励作用。目标设置既要给人以期望，同时还要切实可行。通过个人努力，不断地实现具有难度的组织目标也是一种心理需求的满足。

问题三：什么是学校绩效管理？

一、 学校校本管理

学校校本管理是西方近三十年来开展的一场学校管理改革运动。20 世纪 90 年代以后，校本管理正在成为学校管理改革的一个热点，逐渐从西方发达国家传播到其他国家和地区。受其影响，我国也开始对以校为本的学校、教师发展策略给予了极大的关注，并对我国学校管理实践产生了重要影响。我国学者吸纳了西方校本管理的精华，对校本管理有了更深刻的理解。“校本”的基本含义是“基于学校，为了学校，在学校中”，其内涵具体包括以下三点：

第一，“基于学校”，强调研究的对象，指从学校的实际出发，所组织的各种培训、所开展的各类研究、所涉及的各门课程等，都应充分考虑学校的实际，挖掘学校内在的种种潜力，将学校资源更充分地利用起来，让学校的生命活力释放得更彻底。

第二，“为了学校”，着重强调研究的目的，指要以改进学校实践、解决学校所面临的问题为指向。“改进”是其主要特征，既要解决学校存在的种种问题，也要进一步提升学校的办学水平及教育教学质量。

第三，“在学校中”，强调研究的主体，指要树立一种理念，即教师置身教育教学之中，参与学校发展与改革问题的研究，围绕学校自身问题所形成的各种解决方案要由学校校长、教师共同探讨、分析，由学校中的人来解决，或在学校中加以有效实施。

综上所述，校本管理的含义是指以学校的实际情况、学校教育自身的客观规律为依据，结合学校周边社区环境，自主确定学校发展方向、办学特色，确定学校的组织和管理行为，优化资源配置，从而提高办学效能。

因此，校本管理是以学校自身发展为根本的建设理念，这是学校进行以提高绩效为目的的各项管理活动的基础。学校所进行的各项绩效管理活动也是为了提高学校自身建设的质量所进行的活动，校本管理和绩效管理的根本目标是一致的。在进行校本管理的各项活动中可以采用绩效管理为支持，在进行绩效管理的各项活动中要依据校本管理的理念，两者相辅相成，从不同视角来进行学校建设和管理。可以看出，以校本管理为基础的学校绩效管理，是为了实现学校自身建设过程中的管理自主化、管理人本化和管理个性化。

二、学校绩效管理的概念

在对学校绩效管理概念的界定上，大多数学者援引了企业界或管理学中的绩效管理概念。例如，张淑美认为："绩效管理是指运用各种控制、管制效率的方法以及评估和考核效率、效能与绩效的技术，对实际工作的成效进行评鉴与回馈，使组织平常的运作能得到随时的检核与评量，从而得到修正及改善，使绩效不断提升，以达到组织预定的目标。"赵中建认为："绩效管理是对绩效实现过程中各要素的管理，是基于学校长远战略之上的一种管理活动，是通过对学校长远规划的建立、目标分解、业绩评价并将绩效成绩用于改善学校质量的日常管理活动，是激励学校员工持续改进业绩并最终实现学校战略规划和目标的一种管理活动。" 也有学者认为，学校绩效管理就是通过支持和改进全体教职工的工作（既包括个人的工作，也包括小组的工作）来促进学校发展的过程。

综合以上观点，可以看出，学校绩效管理就是基于学校长远战略之上的，通过运用各种绩效评估及管理的方法和技术，对学校绩效实现过程（包括学校长远规划的建立、目标分解、业绩评价等）中各要素进行管理，以支持和激励全体教职工（个人和小组）持续改进工作绩效，从而最终实现学校战略规划和目标的一种管理活动。如果实施得当，绩效管理会是一个有效的管理工具，它为学校提供了提高和改进质量的重要信息和有效渠道。

学校绩效管理的概念主要包括以下几个方面：

学校绩效管理的前提是学校的长远战略目标；

学校绩效管理是一个系统化的过程，从绩效目标的制订到绩效结果的评定；

学校绩效管理不仅注重绩效的评定，更提倡在绩效实现过程中人的改进与提高，关注人的发展。

由于各个学校教职工的年龄、性别、学历各有差异；各个学校生源构成不同；各个学校办学时间不等，学校文化底蕴不同；各个学校建构模式不同，所以要求学校管理者结合本校自身的特点，建立适合自己学校成长阶段的绩效管理系统。

三、学校绩效管理的内容

可以从以下五个方面去理解学校绩效管理：

第一，绩效管理是量化管理，绩效就是效率和效果，效率可以用数字来衡量；

第二，绩效管理又是教育教学实绩管理，有数量没实绩的管理也不行，绩效管理的最终目的是学生的全面发展和教学质量的提高；

第三，绩效管理是过程管理，没有好的过程就不会有好的结果；

第四，绩效管理是全员参与的管理，涉及学校全体教职员工；

第五，绩效管理是激励管理，需要建立奖惩机制。

可以看出，绩效管理是对学校绩效实现过程中各个构成要素的管理；是通过学校长远规划的制订、各阶段、各层次目标分别确立业绩评价，并将绩效用于提高学校办学质量的日常管理；是解放教师的积极性、创造性，激励他们不断提高业绩，并最终实现学校长远规划和各项目标的管理；是建立在学校长远战略高度的管理。

因此，学校绩效管理的主要内容包括：制订切合实际的战略规划和准确的、具有激励性的目标；建立与目标相配合的组织机构并进行及时、有效的绩效信息沟通；公正、公开的绩效考核及其结果的反馈；绩效成绩的高效应用。

1. 制订切合实际的战略规划和准确的、具有激励性的目标

在教育体制改革的过程中，学校办学自主权得到加强，要求学校按照自身的情况和条件，制订自己的战略发展规划，从而结束了学校自然发展和盲目发展的历史，开始进入一个有理性、有计划、自主、自觉的发展时期。

制订战略规划应当根据学校所处的外部环境、资源、条件和能力状况，密切结合学校自身的实际，为了求得学校的生存和长期稳定发展，为了不断获得学校新的竞争优势，在这样的基础上，提出学校的战略发展目标，谋划达成目标的途径和手段，并指导教师去实现这些目标。为了分阶段实现学校的战略规划，就必须制订准确，又有激励性的目标，把一定时期内的战略规划具体化，将规划进行分解。

2. 建立与目标相配合的组织机构并进行及时、有效的绩效信息沟通

要使规划与目标都得到实现，还需要有执行、管理的组织机构，建立和目标相配合的组织机构是十分必要的。不同的战略目标需要不同的组织机构，即使相同的战略目标，不同的组织机构对这项战略的满足度也是不同的，对战略目标实现过程的影响也是不同的。实现绩效管理开展机构改革，建立适应绩效管理的机构是势在必行的。

在实施绩效管理的过程中，绩效信息的沟通是非常重要的。及时有效地传播绩效管理发展的实际状况，对那些获得良好绩效的途径和手段迅速地进行宣扬，才能促使各个方面连成一气，充分应用新的绩效资源，共同推动目标的实现。

3. 公正、公开的绩效考核及其结果的反馈

绩效考核是绩效管理过程的重要阶段，是学校管理人员通过与各个岗位的教师之间双向或多向的沟通，根据学校制订的考核标准和各项具体工作的完成情况，在分析和判断的基础上，对承担该项工作的教师形成考核成绩，并将绩效考核成绩反馈给教师。在这个工作过程中，公正和公开尤为关键，学校管理者应该及时向考评对象反馈信息，这样做会产生积极的效果。

4. 绩效成绩的高效应用

学校绩效考核取得的成绩是宝贵的信息资源，管理者要善于应用这些资源，以促进教师的专业发展，提高学校的管理水平、服务水平与决策水平。应该综合应用绩效考核获得的信息，例如薪酬分配、工资调整、层级晋升、职位变更、教育培训等，激励教师的创造力，指导他们的专业发展而不能只关注到一点，只应用于某一个方面。

四、教师绩效

学校绩效管理提倡在完成绩效的过程中的人的能力的提高，关注人的发展，因此教师绩效是学校绩效管理最重要一个方面。教师绩效是指什么？不同的人有不同的理解。对教师绩效的理解不同，教师绩效评价的范围、方法、结果也就不同。因此，管理者对教师进行绩效评价之前，必须首先对教师绩效结构做出一个合理的定位。只有定位好教师绩效结构，教师绩效评价的执行才具有可能性。因此，明确教师绩效结构是进行教师绩效评价的前提。

许多研究通过实际的评估探讨绩效的构成要素。来自于不同研究者的研究结果都提供了一种共同的启示，即在促进组织目标实现的绩效行为中存在两种不同的方式，一种是组织所规定的行为，另一种是自发的角色行为，即绩效由任务绩效（Task performance）和关系绩效（Contextual performance）两部分构成。

蔡永红、林崇德以教师素质结构理论和任务——关系绩效模型为基础，通过开放式调查、关键事件访谈、定性分析等质性研究，形成了教师绩效的理论构想。他们也认为，教师职务具有高度自主性，在教师绩效的构成中，既有任务绩效，也有关系绩效。

任务绩效是工作描述中所规定的某一职务所必须达到的工作要求，是与特定工作中的生产和核心技术活动有关的所有行为；关系绩效不是直接的生产和服务活动，但能为生产和核心技术活动保持广泛的、组织的、社会的和心理的环境，包括资源行为、组织公民行为、亲组织行为、组织奉献精神以及与特定任务无关的绩效行为，如自愿承担额外的工作等。任务绩效和关系绩效的划分提供了一种模型，按照对组织效能贡献的程度评价绩效行为，使得对绩效的评价更为直接，所以被研究者广泛使用。

张敏认为，除任务绩效与关系绩效外，绩效结构模型中包含一个更重要的绩效成分，即个人对新环境和工作要求的适应性，称为“适应性绩效”。教师适应性绩效可以分为七个维度，分别命名为：文化促进、问题解决、压力处理、应急处理、人际沟通、持续学习、身体适应。

此外，华东师范大学的胡伶在《何谓高校教师绩效———兼论高校教师绩效评价必须处理好的几个关系》一文中，认为教师绩效包括结果绩效、行为绩效和潜力绩效三方面。结果绩效从工作结果层面反映教师的绩效结构，潜力绩效则是反映了教师潜能的自我开发过程，而行为绩效是从行为方面阐述了教师绩效的绩效结构，任务绩效和关系绩效只是行为绩效的两个层次。

根据已有的研究，结合对绩效的定义，可以认为教师绩效是指在满足教师职业道德的前提下，以教师的工作任务和学校的教育目标为驱动，由教师工作行为与教师工作结果两方面综合反映的教师业绩高低。教师绩效的基本含义包括：

1. 教师的职业道德在教师绩效结构中占有重要地位；

2. 教师绩效不仅反映教师的工作任务，更与教师身处的组织——学校密切相关；

3. 教师工作行为是指教师在工作过程中的工作表现、工作态度、所付出的体力与精神上的努力等；教师工作结果是指任务的完成程度，它反映了教师能在多大程度上达到职位要求；

4. 教师的工作过程和工作结果——任务绩效包括学生的学业成就与综合发展，这不仅与教师的知识、能力及教育观念有着很大的关系，一些关系行为比如生源质量、家长素质、学校氛围、社会环境对教师绩效影响很大，在全面把握教师绩效时要充分考虑到这些影响因素。

因此，教师绩效并不专指教师的工作业绩，也应包括教师工作的行为及其过程，这不仅是从绩效定义所得出的结果，也是由教师工作的复杂性、特殊性所决定的。一方面，教师的工作结果（例如学生成绩）由多方面因素决定；另一方面，教师的工作结果往往具有后效性和迟效性，仅仅将教师绩效看作教师工作的结果难免有一定不足。

问题四：绩效技术模型主要有哪些?

绩效技术是提高绩效的系统性过程，是用以解决“令某个组织、个体的绩效优于其现有状况”这一问题的系统方法。绩效技术是解决绩效管理过程中出现的问题完整、系统的方法，绩效技术可以借助模型对问题进行系统化分析。模型是一种形象化的沟通与交流工具，模型法作为系统方法中的一个重要研究方法，是绩效技术专业人员最常用的研究方法之一，下面是几种常见的绩效技术模型。

一、 ISPI 模型

国际绩效改进协会（International Society for Performance Improvement，ISPI）于 1992 年正式提出了绩效技术解决问题的操作性过程模型，之后经过许多专业人员的不断应用、修改和完善，形成了一个可以称之为经典的模型，即 ISPI 人类绩效技术过程模型，如图 4-1 所示。

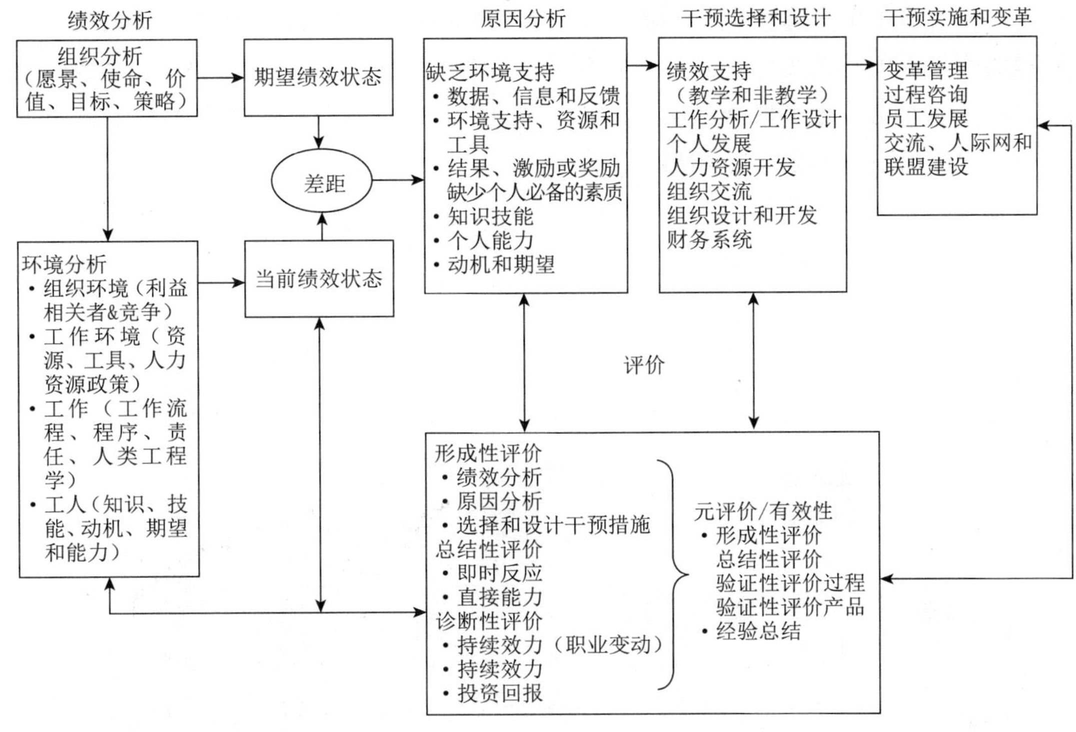

图 4–1　ISPI 人类绩效技术过程模型

该模型将绩效技术解决问题的过程分为五个主要环节：绩效分析、原因分析、干预选择和设计、干预实施和变革、评价。以常见的解决问题的思路为例，其步骤可归纳为：

弄清楚问题的概念，即什么是问题，也就是现状与期望的差距；

确定是否有解决问题的需求；

收集问题的相关资料，找出问题重点；

决定解决问题的目标，也就是掌握问题的核心；

拟订解决问题的计划、策略与程序；

对问题解决实行检讨与批评。

这六个步骤体现了一种系统思维，构成了通常解决问题的流程，在实践过程中，它是一个非线性的、动态的过程，分析、设计、实施、评价各要素之间往往是交叉、同步进行的，评价和修改贯穿于模型的各个环节。

二、BSA 模型

BSA 模型来自名为 Byron Stock & Associate 的绩效技术研究组，这是一个同时致力于“情感智力（情商）”研究的组织。该组织在 1985 年发布了一个绩效技术 BSA85 模型，该模型根据各种绩效因素的控制源（主导因素）将绩效因素归为执行层面、管理层面及个体层面三类。对于一个组织机构而言，所有待处理的事务又可再分为若干层面，通过这种分类可以使各个层面的具体实施人员更加清楚地意识到他 / 她可能需要加以关注的绩效问题，以及适合这种绩效问题的解决办法。随后，该组织经过对模型不断完善，于 1996 年提出了 BSA 模型（BSA96 模型），如图 4-2 所示。

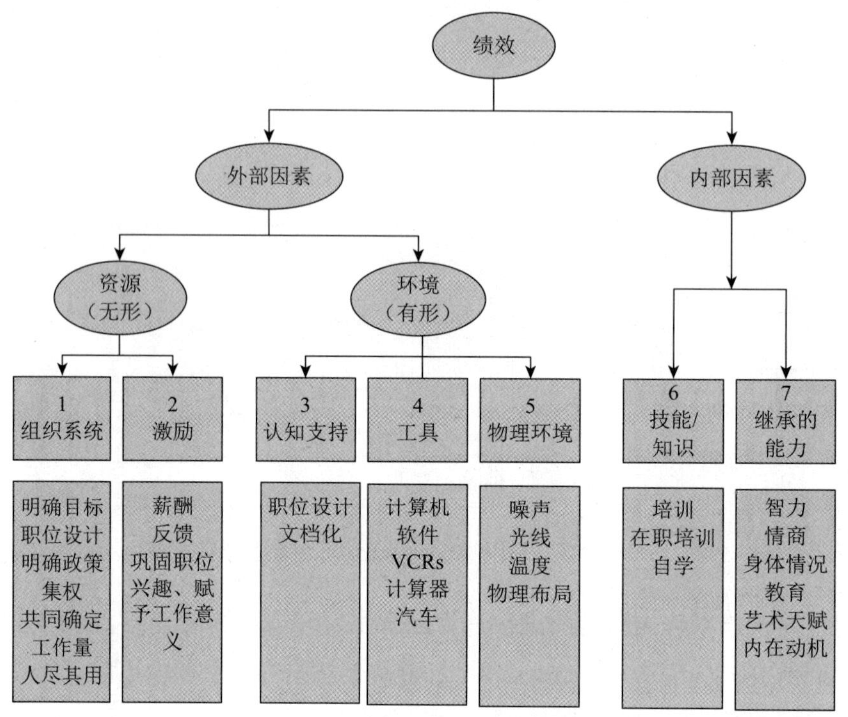

图 4-2 Byron Stock & Associate1996 模型（BSA96 模型）

该模型将绩效因素分为外部和内部两个方面，不同方面还可进一步细分，直到与一系列可用绩效技术加以解决的绩效问题相对应。例如，引起绩效问题的内部因素是技能 / 知识、继承的能力，而继承的能力又可再细分为智力、情商、身体情况、教育、艺术天赋、内在动机等。该模型列出了各种可能影响绩效的因素，并对部分因素对应的解决办法提出了建议，其侧重于分析问题的阶段。因此，该模型可以为绩效差距分析提供很好的思路，有利于准确定位绩效问题。

三、Branson 模型

该模型来自美国佛罗里达州立大学绩效技术中心主任 Robea K.Branson 于 2001 年的演讲稿，他在其另一篇文章中对此模型做了进一步的阐述。Branson 认为绩效技术是由系统总体设计、职位和角色设计、筛选系统设计、培训系统设计、绩效评估设计、绩效支持系统、指导管理行为七个子系统构成的环形结构。其模型如图 4-3 所示。

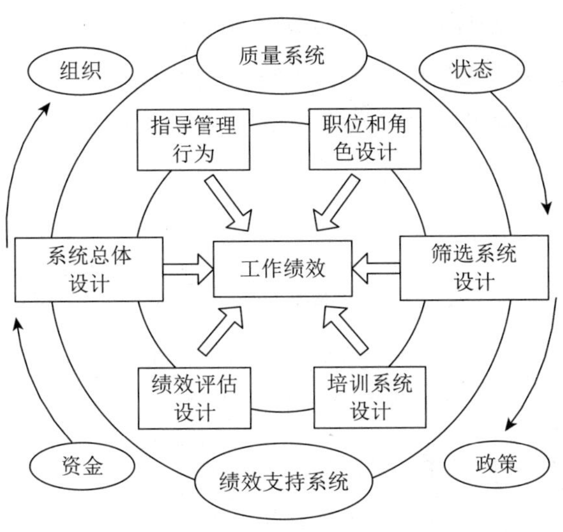

图 4-3 Branson 模型

从对各个子系统的阐述来看，模型中的七个子系统不仅仅停留在设计阶段，还包括对设计成果的实施。该模型提供了一种以系统方法解决问题的思路：根据“需求”设计职位并建立筛选系统，是一个明确绩效差距、发现问题的过程；根据发现的问题提出相应的方法（培训），并以绩效支持的形式实施，这是解决问题的过程；绩效评估、指导管理行为则是对问题解决的成效加以验证的过程。整个过程循环往复，并伴之以质量保障，使得工作绩效螺旋式提升。从这个模型还可看出绩效因素主要涉及组织、资金和政策等。与 ISPI 模型不同的是，这些因素以一种“融入”的形式，对绩效产生综合影响，这个模型适用于解决企业的复杂问题。

案例分析：英国 Kingsford 社区学校绩效管理经验

Kingsford 社区学校是一所位于伦敦东部的中学，在校生的年龄在 11 ～ 16 岁。该校以提供优质教育闻名，其有效管理的核心是绩效管理。学校制订了绩效管理政策，让每一位教职工为学校的发展做出贡献，学校通过绩效管理促进教师的发展，提高学校的教学质量和服务水平，进而提高所有学生的学业水平。

一、学校绩效管理的含义（Kingsford 社区学校对学校绩效管理的具体定位）

学校绩效管理是通过支持和改进全体教职工的工作（既包括个人的工作，也包括小组的工作）来促进学校发展的过程。在这个过程中，学校与每一位教职工和小组领导协商制订一些纳入学校整体发展计划的工作重点和目标，并定期检查这些目标的达成情况。绩效管理要求每个人都要有追求卓越的信念。这意味着管理者要为员工提供适当有效的培训和发展条件。

对于教师而言，绩效管理更为关注教学、监控和评估的有效性，以提高教学质量，并使学生、教师、其他员工及学校社区从中受益。学校秉承公正和公平的原则实施绩效管理。学校鼓励并支持所有员工通过制订目标、实施发展计划和接受绩效评估来发挥自己的潜能。

二、绩效管理的评估时间

Kingsford 社区学校每学年对教职工的评估在秋季进行。9 月制订目标，在第二年的 9 月进行正式的评估。这就是说，评估和新一轮的目标制订可能同时进行。2 月会进行中期评估，看看大家的工作是否在朝着预定的目标进行。

三、绩效管理中角色和职责的分配

在 Kingsford 社区学校，学校董事会负责对校长实施绩效管理，校长负责执行学校的绩效管理政策。校长将对教师的评估责任交给学校内的小组领导，每人负责的教职工不超过 6 个。绩效管理要求小组领导与教职工讨论协商目标，定期向教职工提供客观的反馈，给予教职工足够的指导，为教职工提供培训和发展的机会，并对他们进行绩效评估。当一位教职工达到工资晋级的标准，他的绩效管理评估文件中必须包括相应的信息和证据。这说明校长和小组领导是绩效管理中的管理者，他们的角色对绩效管理是否有效起着至关重要的作用。一般来说，绩效管理的管理者要扮演好以下四种角色。

1. 合作伙伴。管理者与教职工将建立新型的合作伙伴关系，他们有着同样的目标，管理者的工作通过教职工完成，管理者的绩效通过教职工的绩效来体现，所以，教职工绩效的提高即管理者绩效的提高，教职工的进步即管理者的进步。绩效管理使他们真正站到了同一条船上，风险共担，利益共享，共同进步，共同发展。 鉴于这个前提，管理者有责任、有义务与教职工就工作任务和绩效目标等前瞻性的问题进行沟通，在双方充分理解和认同学校远景规划与目标的基础上，对学校的年度目标进行分解，结合教职工的教学任务与特点，共同制订教职工的年度绩效目标。通常，管理者与教职工应就如下问题达成一致：教职工应该做什么工作？工作应该做得多好？什么时候应该完成这些工作？为完成这些工作，教职工要得到哪些支持，需要提高哪些知识、技能，得到什么样的培训？ 管理者能为教职工提供什么样的支持与帮助，需要为教职工扫清哪些障碍？

2. 辅导员。绩效目标确定后，管理者要做的就是帮助教职工实现目标。在教职工实现目标的过程中，管理者应做好辅导员，与教职工保持及时、真诚的沟通，持续不断地辅导教职工提升业绩。业绩辅导的过程就是管理者管理的过程，在这个过程中，沟通是关键。

3. 记录员。绩效管理是一种目标管理和过程管理，为使最后的考核顺利和令人满意，管理者必须随时记录有关教职工绩效表现的细节，形成绩效管理的文档，作为年终考核的依据，以确保绩效考核有理有据，公平公正，没有意外发生。做好记录的最好方式是走出你的办公室，去教职工的工作场所去观察，并与有关人员进行交流。

4. 公证人。在学年结束进行绩效考核时，管理者需要综合各个方面的情况对教职工的绩效做出评价。管理者不仅是考官，更应该从第三者的角度看待教职工的考核，作为公证人对教职工的业绩及相关情况做出证明。

四、绩效管理的监控和反馈

绩效管理是在学校的发展计划框架下进行的，是在地方及国家提高教学质量的背景下进行的。绩效管理是一个不断滚动的循环圈，涉及计划、监控与审核三个阶段。

第一阶段：计划

每位教师与自己的评估人讨论、协商，制订目标，并把目标写在自己的个人计划中。制订的目标应是具有挑战性的，但在具体操作时，要考虑目标制订者所从事的工作以及现有的技能和知识基础。建议制订 3 条目标，反映出他们工作的实质，适当时可包括他们所承担的管理责任。

教师的目标包括学生可获得的成就、进步以及发展和提高教师的职业技能的各种方式。学校的领导阶层和那些领取管理补助的教师要有与他们的管理职责有关的目标。校长的目标包括对学校的领导和管理以及提高学生的学业成就。在讨论目标时，教师与自己的评估人可参考下列原则：

评估人要保证教师理解她 / 他所要达成的目标，并具备实现这些目标的能力，知道要为实现这些目标做出什么样的努力，以及什么时候、以什么方式接受评估；

要清晰准确地记录目标，而且目标是可测量的；

目标要围绕这位教师能够直接影响和控制的事情来制订，并考虑可能对学生产生的社会、经济、文化及其他外部影响；

每位教师的目标都要与学生的学业相关，要符合学校发展计划及团队计划，以及他们自己的专业需求；

评估人要记录制订的目标。这些目标必须是经双方同意后制订的。若有不同意见，教师可在目标记录旁边加注解。

第二阶段：监控进展

每位教师和小组领导在一年中要不断对目标的达成状况实施积极的评估。他们会讨论所需要的支持，并将这些支持落实到具体行动中。对教师而言，课堂观摩和学生的学业进步是监控过程中很重要的一部分。

小组领导在搜寻与教师绩效有关的口头或书面信息时，会先告知这位教师。

课堂观摩是大家普遍接受的有效的监控和评估手段。在 Kingsford 社区学校，课堂观摩是在学科领域、学校领导阶层及地方教育局三个层次进行的。这些观摩结果会是整体评估的一部分。另外，同伴观摩也是促进教学质量提高的有效方式之一，但同伴观摩只限于观摩者与被观摩者之间的交流，不计入绩效评估。

管理者在进入课堂听课前，会提前两周通知讲课教师。

管理者会使用课堂评估表来听课并填写评估表，教师和评估人各留一份填好的评估表，第三份则将教师名字抹去，交给校长。学校根据这些信息来分析学校的整体教学质量和课堂状况，而校长可能据此制订整个学校的教师发展计划。

在安排课堂观摩时，学校会遵循下列原则：

成功的观摩有赖于充分的准备和培训以及教师和观摩者对听课目标的明确认识；

观摩者必须保证课堂教学是在常态下进行的；

观摩后，观摩者一定要提供充分的、有建设性的反馈意见，与教师一起讨论成功之处及有待提高的地方，在给予反馈时，观摩者应该考虑教师在课堂教学中所实施的活动及其有效性。

第三阶段：绩效评估

每年一度的绩效评估将以先前制订的目标为中心，讨论教师取得的成果及教师下一步的发展需求。这项工作可以与下一轮的绩效评估周期的目标制订相结合。

绩效评估的重点在于如何提高业绩和工作效率，具体内容包括：

- 评估教职工对学校和小组发展计划做出的贡献；
- 明确每个参与者的工作职责；
- 回顾、探讨和确认每位教职工的基本职责和目标；
- 认可教职工的强项和做出的成就并考虑教职工无法控制的因素；
- 对教师而言，要评估他在这一年里的课堂观摩记录；
- 发现还有待发展的领域和实现发展的方式；
- 认可个人的发展需求；
- 协商制订新的、清晰的目标，并完成下一年的个人计划。

在评估会议结束后的 10 天内，评估者要准备一份书面的评估报告，记录评估要点及得出的结论，还要记录对方有待发展的方面，并在附件中写明应采取的行动。评估人要将自己写好的报告给被评估者一份。在得到这份报告的 10 天内，被评估者可以添加自己的想法。学校利用评估报告中的信息调整教师薪酬：（1）教师的业绩令人满意，学校可以给该教师加一级工资；（2）对业绩突出的教师可以加两级工资，但必须在评估报告中说明，包括学生取得进步的情况；（3）想进入上层收入水平的教师可凭评估报告提出申请；（4）对高级教师和担任领导职位的教师，学校根据评估报告决定在收入方面给符合奖励条件的人予以奖励。

综上所述，绩效管理不是校长对教职工的单向管理，它最大限度地发挥了小组领导作为管理者的作用，也使每一位教职工在这个过程中加强了自我管理能力。绩效管理的关键是管理者同员工之间持续地双向沟通：在员工表现优秀的时候给予及时的表扬和鼓励，以扩大正面行为所带来的积极影响，强化员工的积极表现；在员工表现不佳、没有完成工作任务的时候，及时真诚地提醒员工改正和调整。需要注意的是，沟通不是仅仅在开始，也不是仅仅在结束，而是贯穿于绩效管理的始终。业绩的辅导同样贯穿整个绩效管理的始终。所以，如果实施得当，绩效管理会是一个有效的管理工具，它为学校提供了提高和改进教学质量的重要信号和有效渠道。

（摘自：张金秀，英国学校实施绩效管理的有效经验，中小学管理，2006.11）

本章内容小结

本章我们学习了绩效管理的基本概念以及相关理论（知识检查点 4-1，知识检查点 4-2），绩效管理过程以及学校绩效管理的内容（能力里程碑 4-1），绩效技术的三种基本模型（能力里程碑 4-2）。本章内容的思维导图如图 4-4 所示。

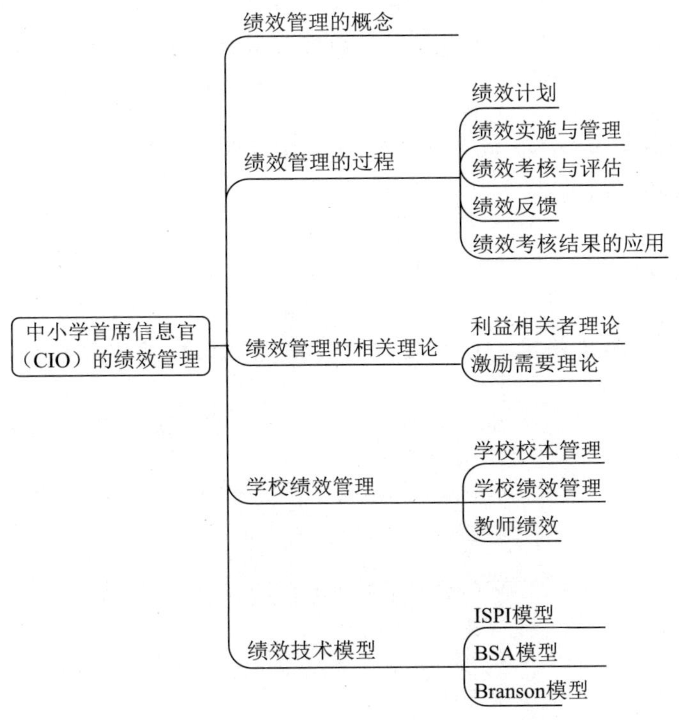

图 4-4　思维导图

自主活动：反思学校在绩效管理过程中的优势和不足

请学习者在学习完本章内容后，进行自我反思， 并记录个人学习心得。

小组活动：讨论绩效管理对于学校信息化建设的意义

请学习者围绕本章的学习主题进行组内交流，并做好小组学习记录。

评价活动：评价本章知识与能力学习水平

一、名词解释

绩效（知识检查点 4-1）

绩效管理（知识检查点 4-1）

利益相关者理论（知识检查点 4-2）

二、简述题

1. 学校在进行管理过程中是否运用过绩效管理？如果运用过，运用的过程和内容是怎样的？如果没有运用过，你认为哪些过程和内容可以运用在学校绩效管理过程中（能力里程碑 4-1）？

2. 如果你是学校的 CIO，在进行学校绩效管理过程中，你觉得最重要的过程是什么，为什么（能力里程碑 4-1）？

三、实践项目

运用 ISPI 模型对学校的某一信息化建设方案进行模拟绩效管理和分析（能力里程碑 4-2）。

第五章　中小学首席信息官（CIO）的项目管理

本章学习目标

在本章的学习中，要努力达到如下目标：

◆ 了解项目和项目管理的基本概念（知识检查点 5-1）。

◆ 了解项目管理知识体系 PMBOK（知识检查点 5-2）。

◆ 了解项目管理三要素（知识检查点 5-3）。

◆ 能够将时间管理的方法应用到学校信息化建设项目当中（能力里程碑 5-1）。

◆ 能够将质量管理的方法应用到学校信息化建设项目当中（能力里程碑 5-2）。

◆ 能够将成本管理的方法应用到学校信息化建设项目当中（能力里程碑 5-3）。

本章核心问题

项目管理的方法对于学校的规划设计有什么帮助？

本章内容结构

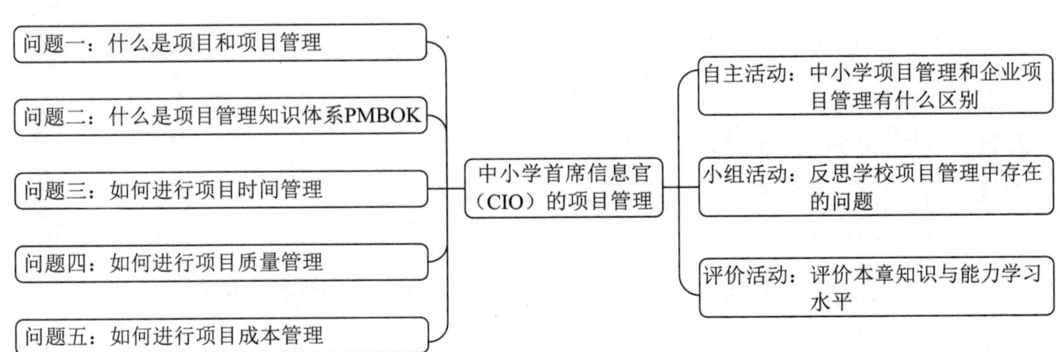

引 言

信息技术已经在中小学普及了很多年，但很多学校的整体信息化水平仍然不高，教育信息化与教育教学深度融合的收效更是有限。学校制订了科学的战略并做好规划设计之后，如何让教师参与到教育改革中来？如何将相关人员协调组织共同开展工作？这些问题似乎不再是技术问题，也不是教学理念问题，而是执行过程中的项目组织和管理问题。因此，项目管理成为中小学 CIO 在未来的工作过程中执行相关战略的最重要的工作内容之一，与此同时，在项目管理的过程中不免遇到各种工作问题。

举个简单的例子，在日常的工作中，经常会拖延会议时间，在业务上需要进行一些无效的流程，参与的教师和相关工作人员也因此失去了积极性。这个问题的根源就是项目管理中的时间管理问题。因此，中小学 CIO 工作中需要应用科学的项目管理模式和方法，提高相关工作人员的效率，也能吸引教师参与，支持他们协同开展学校信息化工作。因此，中小学 CIO 需要掌握项目管理的方法，能够以项目的思维方式去对待日常的工作，用科学、系统的项目管理的方法去执行和控制项目过程，从而提高学校整体的工作效率。

问题一：什么是项目和项目管理？

一、项目的概念

项目是人们通过努力，运用一定的方法，将资源整合起来，在给定的费用和时间内，完成一项独立的、一次性的工作任务，以期达到预期的目标。

美国项目管理协会（Project Management Institute，PMI）在其出版的《项目管理知识体系指南》（Project Management Body of Knowledge，PMBOK）中为项目所做的定义是：项目是为创造独特的产品、服务或成果而进行的临时性工作。以下活动都可以称为一个项目：

1. 开发一套新课程的数字化资源；
2. 计划举行一项大型公益教育活动（如策划组织讲座、大型国际教育会议等）；
3. 策划一次研学旅行；
4. 智慧校园的咨询、开发、实施与培训。

项目通常有以下几个基本特征：

1. 项目是为了实现一个或一组特定目标；
2. 做项目需要综合考虑范围、时间、成本、质量、资源、沟通、风险、采购等；
3. 项目是复杂的和一次性的；
4. 项目是以用户为中心的；
5. 项目是相关要素的系统化集成。

二、项目的生命周期

项目的生命周期指项目从开始到完成所经历的一系列阶段。项目阶段是一组具有逻辑关系的项目活动的集合，通常以一个或多个可交付成果的完成为结束。这些阶段之间可能是顺序、迭代或交叠的关系。项目阶段的名称、数量和持续时间取决于参与项目的一个或多个组织的管理与控制需要、项目本身的特征及其所在的应用领域。阶段都是有时限的，有一个起始点、结束点或控制点。在控制点，需要根据当前环境，重新审查项目章程和商业文件。在该时点，把项目绩效与项目管理计划进行比较，以确定项目是否应该变更、终止或按计划延续。

项目生命周期会受组织、行业、开发方法或所用技术的独特性的影响。虽然每个项目都有起点和终点，但具体的可交付成果及工作会因项目的不同而产生很大差异。不论项目涉及的具体工作是什么，项目的生命周期都可以为管理项目提供基本框架。项目的生命周期一般包括以下四个阶段：

1. 项目开始阶段；
2. 项目组织与准备阶段；
3. 项目执行阶段；
4. 项目结束阶段。

项目的生命周期一般具有以下特征：成本与人力投入在开始阶段较低，在项目执行阶段逐渐增加，并在项目结束阶段迅速回落；项目开始阶段风险最大，在项目的整个生命周期中，随着决策的制订与可交付成果的验收，风险会逐步降低；在不显著影响成本和时间的前提下，相关方改变项目产品最终特性的能力在项目开始阶段最大，并随项目进展而减弱。实际上，项目变更和纠正错误的成本，通常会随着项目越来越接近完成而显著增高。

三、项目管理的概念

项目管理（Project Management）是项目的管理者在有限资源的约束下，运用系统的观点、方法和理论，对项目涉及的全部工作进行有效地管理。即从项目的决策开始到项目结束的全过程进行计划、组织、指挥、协调、控制和评价，以实现项目的目标。

按照传统的做法，当一个组织决策了一个项目后，参与这个项目的会有很多部门，包括财务部门、市场部门、行政部门等，而不同部门在运作项目过程中不可避免地会产生摩擦，需要进行协调，这些会增加项目的成本，影响项目实施的效率。

而项目管理的做法则不同。不同职能部门的成员因为某一个项目而组成团队，项目经理或项目负责人则是项目团队的领导者，他所肩负的责任就是领导他的团队准时、优质地完成全部工作，在不超出预算的情况下实现项目目标。项目的管理者不仅仅是项目执行者，他参与项目的需求确定、项目选择、计划直至收尾的全过程，并在时间、成本、质量、风险、合同、采购、人力资源等各个方面对项目进行全方位的管理，因此项目管理可以帮助一个组织处理跨领域、跨部门的复杂问题，并实现更高的运营效率。项目管理的应用从 80 年代仅限于建筑、国防、航天等行业迅速发展到今天的计算机、电子通信、金融业、教育和政府机关等众多领域。

组织在发起项目的时候，一定是基于战略或业务的需求，有些是现行必须的，有些则是期待出现的，无论哪种理由，都应该明确项目所包括的内容，这就是“项目边界”和“项目是直接或间接的支持组织战略”的原因，尤其是大项目，往往不会牵涉到某一个具体的部门（除非该部门具有绝对的独立运营权），这种项目是典型的“投资”性的，如果失误，绝对不是某项业务的失误。所以，项目经理或项目负责人必须在项目正式启动前，共同参与项目发起的目的和背景分析，以确保未来所发生的一切都是有价值的，一旦交付成果落地，这种成果便可持续影响组织发展。

虽然每个项目的失败都不可能让项目经理或项目负责人承担法律责任，但他们必须具备一定的综合能力，以驾驭大项目，单个项目管理能力非常成熟的项目经理或项目负责人，也必须经过评估，确认其是否具备大项目管理能力，组织切记不要单纯走“专业绩效好就可以做项目经理或项目负责人”的道路，事实证明这是错的，至少是不可以完全保证的。大项目必须关注的是“平衡”，大项目经理或项目负责人专业技能上应该更弱，而协同能力更强。如果大项目经理或项目负责人也聚焦到某个点，虎头蛇尾的项目是避免不了的，他们必须“间接”管理项目，而非“直接”管理项目。这种“间接”管理可以很好地发挥大项目经理或项目负责人的综合统筹能力，也能够时刻关注组织的战略要点。

大项目都有正式的项目启动会，每个项目启动会的形式各不相同，但有一点必须统一：项目启动会是正式的、严谨的。大项目一般会出现甲乙双方、高层、重要干系人等人员。如果启动会显得格外轻松，会释放出一种非正式的信号，后期的执行和推进会很难控制，很多组织的项目管理非常强调人性化管理，但人性化管理绝对不等于非正式管理。组织必须明白，项目的临时性决定了项目存在的机遇，正式的过程管理有利于打造一个严谨的团队和合格的交付成果。

问题二：什么是项目管理知识体系 PMBOK？

一、项目管理知识体系 PMBOK

PMBOK 是 Project Management Body Of Knowledge 的缩写，指项目管理知识体系，是美国项目管理协会（PMI）对项目管理所需的知识、技能和工具进行的概括性描述。当前，

PMBOK 几乎成为国际上项目管理应用的共识。PMBOK 是项目管理可以采用的知识框架，包括进行项目管理用到的十个知识领域，具体如下。

项目整合管理（也称为项目综合管理或项目集成管理），保证各种项目要素协调运作，对冲突目标进行权衡折中，最大限度满足项目相关人员的利益要求和期望。

项目范围管理，保证项目计划包括且仅包括为成功地完成项目所需要进行的所有工作。项目范围指为了完成规定的特性或功能而必须进行的工作，而项目范围的完成与否是用计划来评估的。二者必须很好地结合，才能确保项目的工作符合计划确定的内容。

项目时间管理，保证在规定时间内完成项目。

项目成本管理，保证在规定预算内完成项目。

项目质量管理，保证满足项目计划的质量要求。

项目人力资源管理，保证最有效地使用项目人力资源完成项目活动。

项目沟通管理，保证及时、准确地产生、收集、传播、储存和处理项目信息。

项目风险管理，识别、分析以及对项目风险做出响应。

项目采购管理，从机构外获得项目所需的产品和服务。

项目干系人管理，对项目涉及到的相关人员和组织进行管理。项目干系人管理用于开展下列工作的：识别能影响项目或受项目影响的全部人员、群体和组织，分析干系人对项目的期望和影响，制订适合的管理策略来有效调动关系人积极参与项目决策和执行。项目干系人管理是近几年新增加的知识领域，也逐渐成为项目管理的一个重要的目标。

二、项目管理三要素

项目管理在企业中占据很重要的位置，管理者大多知道项目管理的重要性，却很少有人知道怎么做才能让项目管理发挥作用，项目管理是一种工作和记录事件的组织方式，它能够使任何存在目标的任务变得更加有条理，更加协调。一个项目就是一个任务，或者是一系列任务，它们需要在特定的时间内完成，而且有一定的成本制约，项目管理的目标是取得一定的成果。因此，每个项目管理都可以分为三个主要部分：第一，项目有一个目标；第二，达成项目目标需要用到的人力与财务等资源；第三，只有将资源用于原来预想的结果并按期完成才算成功。

所以，要想保证项目的成功，在 PMBOK 的十个知识领域当中，所有项目管理有三个必须考虑的要素：时间、成本和质量，我们称之为项目管理三要素。

1. 质量是项目成功的保证，质量管理包含质量计划、质量保证与质量控制。

2. 时间管理也是进度管理，这是保证项目能够按期完成所需的过程。在项目整体时间管理计划的指导下，项目各单元对项目时间计划进行分解，才能保证项目的顺利进行。

3. 成本管理是保证项目在批准的预算范围内完成项目的过程，包括资源计划的编制、成本估算、成本预算与成本控制。

项目管理三要素的关系经常是三角关系，密不可分。三个要素在一个项目管理中也经常发生冲突。一般来讲，人们总希望在非常短的时间内，以尽可能低的成本取得最好的效果。然而，这三种要素中的任何一个都可能成为重中之重，一旦确定其中一点，那么另外两点就需要进行相应的调整。大部分项目都要被迫服从至少一个要素，所以必须明确项目的内容。

需要特别说明的是，项目管理 PMBOK 的十个知识领域都很重要，也是保证项目顺利进行的全方位管理内容，其中涉及到项目管理的三要素，即时间管理、质量管理、成本管理，是所有项目管理过程中都需要的。因此，我们将对这三个领域的知识进行详细阐述，其他领域知识在此不再赘述。

问题三：如何进行项目时间管理？

按时、保质地完成项目，是每一位项目经理或项目负责人希望做到的。但是，从国内外各种项目经验来看，时间拖延的状况是时常发生的。从 PMBOK 领域知识来看，项目时间管理（Project Time Management）的主要工作包括定义项目活动、任务、活动排序、每项活动的合理时间估算、制订项目完整的时间计划、资源共享分配、监控项目时间等内容。项目时间管理包括以下五个阶段。

一、项目活动分解

将项目工作分解为更小、更易管理的工作包（也称活动或任务），这些小的活动应该是能够保障完成交付产品的可实施的详细任务。这就是工作分解结构（Work Breakdown Structure，简写为 WBS），即对项目工作进行详细的任务分解。工作分解结构 WBS 是时间管理的常用方法之一。在项目实施中，要将所有活动列成一个明确的活动清单，并且让项目团队的每一个成员能够清楚有多少工作需要处理。活动清单应该采取文档形式，以便于项目其他过程的使用和管理。当然，随着项目活动分解的深入和细化，工作分解结构 WBS 可能也会需要修改，这也会影响项目的其他部分。例如工作分解结构 WBS 的修改会直接影响到成本管理，在更详尽地考虑了活动后，成本可能会有所增加。

二、项目活动排序

在工作分解结构 WBS 的基础上，要找出项目活动之间的依赖关系和特殊领域的依赖关系、工作顺序。在这个过程中，既要考虑团队内部希望的特殊顺序和优先逻辑关系，也要考虑内部与外部、外部与外部的各种依赖关系以及为完成项目要做的一些相关工作，例如在最终的硬件环境中进行软件测试等工作。

项目里程碑是项目活动排序工作中很重要的一部分。里程碑是项目中关键的事件及关键的目标时间，是项目成功的重要因素。里程碑事件是确保完成项目需求的活动序列中不可或缺的一部分。比如在开发项目中可以将需求的最终确认、产品移交等关键任务作为项目的里程碑。

三、项目时间估算

项目时间估算是根据项目范围、资源状况计划列出项目活动所需要的时间。估算的时间应该现实、有效并能保证质量。所以在估算时间时要充分考虑活动清单、合理的资源需求、人员的能力以及环境对项目时间的影响。在对每项活动的时间估算中应充分考虑风险因素对时间的影响。项目时间估算完成后，可以得到量化的时间估算数据，将其文档化，同时完善并更新活动清单。

一般说来，时间估算可采取以下几种方式。

1. 专家评审。由有经验、有能力的人员进行分析和评估。

2. 模拟估算。使用以前类似的活动作为未来活动时间的估算基础，评估时间。

3. 保留时间。预留一定的冗余时间，以应付项目风险。随着项目进展，冗余时间可以逐步减少。

四、时间管理计划

项目的时间管理计划意味着明确定义项目活动的开始和结束日期，这是一个反复确认的过程。时间计划的确定应根据项目活动排序、估算的活动时间、资源需求、资源共享情况、项目执行的工作日历、时间限制、最早和最晚时间、风险管理计划、活动特征等统一考虑。

时间限制是时间管理计划必须考虑的因素之一。时间限制即根据活动顺序考虑如何定义活动之间的时间关系。一般有两种形式：一种是加强日期形式，以活动之间的前后关系限制活动时间；另一种是关键事件或重要里程碑形式，以定义为里程碑的事件作为决定性因素，制订相应的时间计划。

五、时间管理控制

时间控制主要是监督项目时间的执行状况，及时发现和纠正偏差、错误。在控制中要考虑影响项目时间变化的因素、项目时间变更对其他部分的影响因素、时间计划变更时应采取的实际措施。

问题四：如何进行项目质量管理?

从 PMBOK 领域知识来看，项目质量管理（Project Quality Management）是对整个项目的质量进行把控、管理的过程。从项目作为一次性活动的角度来看，项目质量体现在由工作分解结构 WBS 反映出的项目范围内所有阶段的质量，即项目的工作质量；从项目作为一项最终产品的角度来看，项目质量体现在其性能或者使用价值上，即项目的产品质量。

一般的，项目活动是应用户的要求进行的。不同的用户有着不同的质量要求，其意图已反映在项目合同中。因此，项目质量除必须符合有关标准和法规外，还必须满足项目合同条款的要求，项目合同是项目质量管理的主要依据之一。

由于项目活动是一种特殊的生产过程，其生产组织特有的流动性、综合性、劳动密集性及协作关系的复杂性，均增加了项目质量保证的难度。质量管理主要是依赖于质量计划、质量控制、质量保证及质量改进等环节来实现的。

一、质量管理计划

项目质量计划的目的主要是确保项目的质量标准能够实现，其关键是在项目的计划期内确保项目按期完成。制订质量计划需要参考的主要因素包括：质量方针、范围陈述、产品描述、标准和规则。项目质量计划必须综合考虑效率和成本，减少重复性工作，从而达到高产出、低支出及用户满意度的提升。质量计划的基本原则是效率与成本之比尽可能大。

二、质量保证

质量保证应该贯穿于项目实施的全过程。项目质量通常由质量保证部门或者类似的组织单元来监督。

三、质量控制

质量控制是指监督项目的实施结果，将项目的结果与事先制订的质量标准进行比较，找出其存在的差距，并分析形成这一差距的原因，质量控制同样贯穿于项目实施的全过程。项目的结果包括产品结果及管理结果。质量控制通常是由质量控制部门或类似的质量组织单元实施。

问题五：如何进行项目成本管理?

从 PMBOK 领域知识来看，项目成本管理（Project Cost Management）是为使项目成本控制在计划目标之内所做的预测、计划、控制、调整、核算、分析和考核等管理工作。一般来看，项目成本管理的机构包括两个层级：第一，组织管理层，负责项目全面成本管理的决策，确定项目的合同价格和成本计划，确定项目管理层的成本目标；第二，项目经理部，负责项目成本的管理，实施成本控制，实现项目管理目标责任书中的成本目标。

一、成本管理过程

项目成本管理由一些过程组成，要在预算下完成项目，这些过程是必不可少的，具体包括四个过程：第一，资源计划过程，即决定完成项目各项活动需要哪些资源（人、设备、材料）以及每种资源的需求量；第二，成本估算过程，即估算完成项目各活动所需每种资源成本的近似值；第三，成本预算过程，即把估算的总成本分配到各项具体任务中；第四，成本控制过程，即控制项目实施所需成本。

以上四个过程相互影响、相互作用，有时也与外界因素产生交互，根据项目的具体情况，每一过程由一人或数人或小组完成，在项目的每个阶段，上述过程至少会出现一次。以上过程是分开陈述且有明确界线的，实际上这些过程可能是重复的，相互作用的。

二、成本管理实施

项目成本管理实施过程的核心是确保项目在批准的预算内完工。一般的，项目成本管理实施过程遵循下列步骤：

1. 掌握市场价格和变动状态；
2. 确定项目合同；
3. 编制成本计划，确定成本实施目标；
4. 进行成本动态控制，实现成本实施目标；
5. 进行项目成本核算和价款结算，及时收回款；
6. 进行项目成本分析；
7. 进行项目成本考核，编制成本报告；
8. 积累项目成本资料。

这八个步骤不是一成不变的，可以根据项目成本管理实施过程的具体问题进行具体分析和应用。

三、成本管理控制

成本管理控制是保证项目成本在计划范围内的工作。根据估算对实际成本进行检测，标记实际或潜在偏差，进行预测，并给出保持成本与计划目标相符的措施。成本管理控制工作主要包括：第一，监督成本执行情况及发现实际成本与计划的偏离；第二，将合理的改变措施纳入成本管理计划中；第三，防止不正确、不合理、未经许可的改变措施影响成本管理计划；第四，把合理的改变措施通知相关部门和人。在进行成本管理控制时，还需要和时间管理、质量管理等相结合。

案例分析：项目管理在中小学教学资源开发中的应用

一、中小学教学资源开发的问题及原因分析

近年来，我国中小学教学资源开发问题受到了前所未有的重视，但在开发过程中也存在不少问题。1. 教学资源开发的质量不高，重复建设现象严重。很多教学资源是由学科教师负责开发的，由于时间、精力或技术有限，在质量上缺乏保证。例如：许多教师个人建的教育专题网站规模小、分布散，虽然其中不乏精华资源，但更多的资源流于形式。2. 资源形式单一，设计观念落后。目前教师开发的大部分课件，仍强调知识的呈现，情境导入不够，更没有设置真实的学习情境模拟，无法支持一些新的教学模式。3. 资源建设缺乏规范。教学资源的建设必须符合教学规律和特点，对学科、年级、资源种类、文件格式等进行定义时要有统一的标准规范。

造成上述问题的原因是多方面的，最根本的原因在于缺乏合理的管理机制和先进的管理模式。从资源开发的主体来看，很多教学资源是学科教师根据自己的教学需要进行开发的，他们可能有很好的教学设计思路，但往往囿于自身的技术局限而不能达成目标。例如：在课堂教学中教师如果试图运用多媒体构建一个支持学生自主探索的学习环境，而不仅仅是简单的知识呈现、素材堆砌，就可能涉及专业的编程技术，这是一般学科教师力所不能及的。虽然很多学校都有教育技术专业人员，但由于缺乏相应的考核和激励机制，所以他们并没有与学科教师合作开发教学资源的动力。这样就形成了一个怪圈：一方面，学科教师因为技术能力有限而使资源质量得不到保证；另一方面，学校专业技术力量又被大量闲置浪费。

二、项目管理在教学资源开发中的适用性分析

适合实施项目管理的项目一般具有以下特征：1. 有明确的目标；2. 有明确的起始点、终结点，是一次性活动；3. 每个项目都有各自的特殊性和很多不确定性，完成项目任务需要一定的学科知识，并能够调用相关资源；4. 项目是多种任务的集合，它不是一项项孤立的活动，而是一系列活动的有机组合。

从教学资源开发的特点来看，它也具备上述特征。无论是 CAI 课件、教育资源网站，还是网络课程、模拟测验、资源库建设等，都有明确的实现目标；都可当作一次性的任务；

不同项目本身有各自的特点和不确定性，没有统一的模式；项目实施过程中需要调用相关资源，诸如人员、设备等；资源开发涉及素材搜集、素材制作加工、文本编辑、系统合成、高级编程等一系列活动，需要统筹安排、配合顺畅。

从中小学教学资源的开发过程来看，也适合运用项目管理的方法。1. 教学资源开发的每个项目都可能涉及多方面的资源，包括学科教师、教育技术人员、设备器材等，而这种组合并不是固定的。2. 教学资源开发项目的组织结构呈矩阵式，学科教师、专业人员以及其他人员被临时组织起来，使命完成，即刻解散。3. 中小学教学资源开发过程中存在大量的协调和控制工作，如教学设计人员和技术人员的沟通，技术流程上的协调控制，资源质量的控制等。当工作任务被分配到各个项目中时，人员之间的沟通和配合会变得顺畅，责任的分配被细化，管理工作会变得相对轻松。

项目管理方法的引入，对中小学教学资源开发具有重要意义。1. 加强资源开发的组织性和规范性，使资源开发由自发变为自主，由单打独斗变为项目团队运作。2. 项目运作可以帮助各学科、各学校进行整体资源规划和开发，避免重复建设。3. 绩效考评相对容易，可以部分解决教育技术成果难衡量的问题。4. 促进教学资源库的建设，提高教学资源质量，为信息技术与学科教学整合以及教育信息化提供更多支持。5. 激励教育技术专业人员发挥作用，成为学校信息化建设的核心团队。

三、教学资源开发中项目管理方法的应用

项目管理的核心是建立基于项目的组织管理体系，一般涉及过程和资源两个方面。项目管理协会将项目管理定位为：在整个项目中，通过运用现代化的管理技术，指导和协调人力和物质资源以达到预定的范围、成本、时间、质量满意目标的艺术。构成这一“艺术”的主要有 7 个要素：建立资源库、标准化工作程序、团队型文化特质、有效的授权体系、以矩阵式为基础的组织形式、强有效的沟通平台、项目管理专业技术的应用。下面我们以此为线索来探讨项目管理方法在中小学教学资源开发中的应用。

1. 建立学校资源库

在采用项目管理方法之前，管理者必须明确在教学资源开发方面学校拥有哪些资源，包括人力资源、技术资源、财务资源、信息资源等，其中具有重要意义的是人力资源。管理者必须把握学科教师在教学资源开发方面的优势和劣势，了解他们的教学观念、态度等，了解本校教育技术人员的构成情况，并有意识地通过培训等手段使其趋于合理。这样，学校就能够随时高效地组建知识结构全面的资源开发项目团队，或者对项目团队成员进行有针对性的选拔和培养。

2. 标准化工作程序

在项目管理中有两类工作程序需要注意。（1）项目选择程序。其目的是确定教学

资源开发项目的可行性和有效性。通常需要考虑如下问题：教学资源开发是否能够满足教师的教学需要？是否能够促进学习者的有效学习？是否能体现革新的教学观念？（2）项目工作程序。资源开发中涉及素材搜集、素材制作、合成编辑、编程、美化等一系列过程，必须建立明确定义、高效的标准工作程序和相应标准，以减少不必要的工作程序冲突。

3. 团队型文化特质

一个真正的团队，是由有互补技能、相互信任、有共同目的和共同业绩目标、相互负责的少数人组成的，而教学资源开发正需要这种真正的团队。因为教学资源的开发需要广泛的技能和知识，需要成员协同工作，分享各种信息资源。在资源开发项目的团队文化营造过程中，一是要推行平等、合作的工作观念，学科教师和专业技术人员是合作的关系，而不是相互帮忙的关系；二是进行必要的宣传，帮助团队成员认识到该项目的意义，增强对团队的归属感；三是明确分工，权责分明，具有清晰的激励性绩效目标；四是加强开放式团队沟通，使成员之间相互信任、相互负责。

4. 有效的授权体系

完善的授权体系在层级复杂的企业管理中是必要的。鉴于中小学校管理相对简单，所以在资源开发过程中没有必要套用企业项目管理的整套体系，只需以项目负责制为主，对项目成员进行必要的授权，明确各自的权责。

5. 以矩阵式为基础的组织形式

在组建资源开发团队时，可以从各个部门抽调人员，组成矩阵式组织结构。例如：从相关学科抽调学科教师，从教育技术组抽调专业技术人员，从管理部门抽调管理人员，组成资源开发项目团队，受项目经理或项目负责人领导。这在最大程度上体现了项目管理组织柔性的特点。

6. 强有效的沟通平台

在资源开发过程中涉及许多方面的合作，在项目内部必须形成有效的沟通系统，特别是在满足教学需求和技术实现方面，有关人员需要经常沟通。沟通的方式主要有：定期召开项目会议，实现文件共享，对项目文件做规范化处理。此外，沟通平台还必须是开放式的，否则将影响团队文化建设。

7. 项目管理专业技术的应用

对于项目经理或项目负责人来说，需要具备一定的项目管理专业技能。在教学资源开发过程中，项目经理或项目负责人在媒体设计、制作和应用过程的管理工作中，必须能够较熟练地运用项目管理的专业技术。这些技术包括：质量管理、时间管理、沟通管理、资源配给、成本预算、费用管理、人力资源管理、采购管理等。例如：在资源开发过程中，采用 WBS 方法进行任务分解和人员分工；运用甘特图进行时间管理；利用若干技术规范进行质量管理；利用不断评估的方法跟踪项目时间和项目质量状况等。

目前，项目经理或项目负责人的专业技能缺乏显然是学校教学资源开发的最大制约因素，改变旧的管理模式和管理观念远非一朝一夕之功。因此，在教学资源开发过程中，还需强调项目小组管理层的主要工作。

（1）研究

不注意对资源建设内容、开发方法、技术规范和评价体系的研究，资源建设就会迷失方向，就不能保证内容的高层次、高质量，就不能保证资源库建设的高水平、高标准。

（2）开发

包括资源开发和技术开发两个方面。资源开发包括对国内外各种教学资源的收集、审查、筛选、优化、整合等工作；技术开发则包括对资源内容进行管理和整合以及将部分资源转化为产品（如光盘、录像带、网络课程等）的工作。

（3）应用

不能被应用的资源是毫无价值的，资源的开发者绝不能只管开发，不管应用，开发出的资源一定要有试用过程和使用情况调查。

（4）评价

对试用过程和使用调查的结果要组织有关专家（最好是学科专家和教育技术专家）进行评价，以便从中发现问题、总结经验，不断改进与完善资源的开发与建设工作。

（摘自：曹梅，项目管理在中小学教学资源开发中的应用，管理纵横，2005.5）

本章内容小结

本章我们学习了项目和项目管理的相关概念（知识检查点 5-1），了解了 PMBOK 的十大知识管理体系（知识检查点 5-2），明确了项目管理的三要素（知识检查点 5-3），掌握了几种重要的项目管理内容（能力里程碑 5-1，能力里程碑 5-2，能力里程碑 5-3）。本章内容的思维导图如图 5-1 所示。

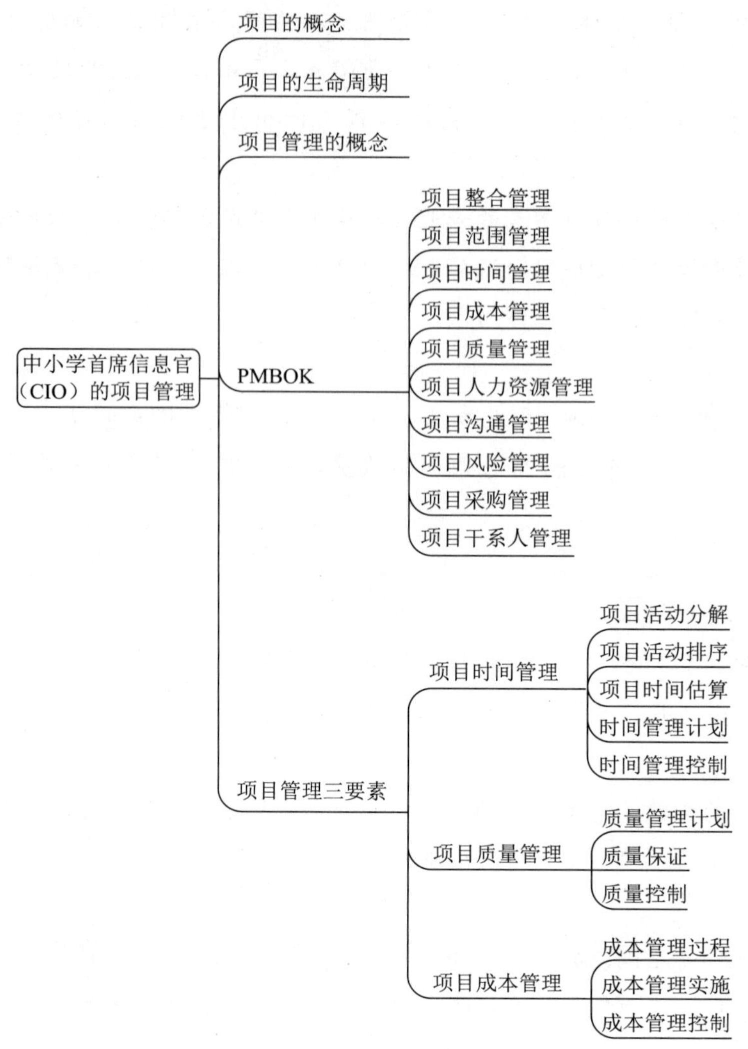

图 5-1　思维导图

自主活动：中小学项目管理和企业项目管理有什么区别

请学习者在学习完本章内容后，进行自我反思， 并记录个人学习心得。

小组活动：反思学校项目管理中存在的问题

请学习者围绕本章的学习主题进行组内交流，并做好小组学习记录。

评价活动：评价本章知识与能力学习水平

一、名词解释

项目（知识检查点 5-1）

项目管理（知识检查点 5-1）

PMBOK（知识检查点 5-2）

二、简述题

1. 你认为 PMBOK 十大知识领域中哪些对学校信息化建设项目最有用？为什么（知识检查点 5-2，能力里程碑 5-1，能力里程碑 5-2，能力里程碑 5-3）？

2. 你认为学校信息化建设项目中最难落实的是哪一点，可以通过项目管理的什么方法去改善（知识检查点 5-2，知识检查点 5-3，能力里程碑 5-1，能力里程碑 5-2，能力里程碑 5-3）？

三、实践项目

结合学校的实际项目，在时间管理、质量管理、成本管理方面写出本章内容中可以借鉴的地方（能力里程碑 5-1，能力里程碑 5-2，能力里程碑 5-3）。

第六章 中小学首席信息官（CIO）的数据分析

本章学习目标

在本章的学习中，要努力达到如下目标：

- 了解数据分析思维的基本概念（知识检查点 6-1）。
- 了解数据分析思维的三种类型（知识检查点 6-2）。
- 了解数据分析的四个阶段（知识检查点 6-3）。
- 掌握数据分析的五个步骤（能力里程碑 6-1）。
- 熟练运用数据分析的常用方法（能力里程碑 6-2）。
- 熟练运用归因分析方法（能力里程碑 6-3）。

本章核心问题

数据分析的思维是什么？数据分析的基本步骤和常用方法有哪些？

本章内容结构

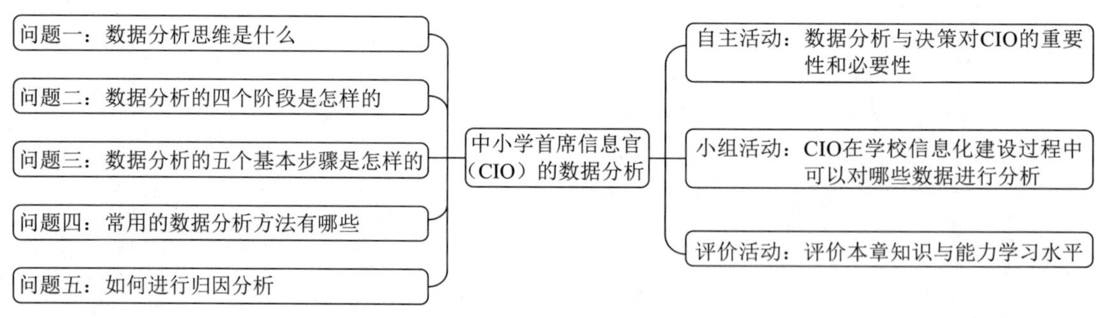

引 言

在教育信息化的进程中，CIO 是学校信息化建设的决策者，同时也是学校信息化建设的领头人。CIO 在进行分析和决策时应具备多方面的能力，这关乎学校的长期建设。在学校开始一个信息化建设项目之后，会涉及到各种各样的问题，比如说采购基本设施设备或者评价设备的使用效果。这时候需要 CIO 负责评估，这时候经验式的判断可能会造成不必要的误差，CIO 需要学会利用数据来辅助自己进行相关的分析，从而进行决策。

提起数据分析，大家往往会联想到一些密密麻麻的数字表格，或是高级的数据建模手法，又或是华丽的数据报表。其实，“分析”本身是每个人都具备的能力。比如根据股票的走势决定购买还是抛出，依照每日的时间和以往经验选择行车路线；购买机票、预订酒店时，比对多家的价格后做出最终选择，选择就是“分析”。这些简单的分析，其实都是依照我们脑海中的数据点做出判断的，这就是简单的数据分析过程。对于中小学 CIO 而言，则需要掌握一套系统的、科学的、符合教育规律的数据分析方法。

问题一：数据分析思维是什么？

数据分析思维也称数据思维，是指通过获取和应用数据来分析和解决问题的一种思维方式。这个概念虽然很早就有，但直到近几年，随着大数据技术的飞速发展，才重新回到了思维认识的高度。实际上，数据思维一直是人类的一种思维方式之一，而且应该比科学思维形成得更早，也更朴实。科学思维是在数据思维之上产生的，而且科学思维中也包括数据思维，如一些基于统计的学科，其实就是大数据思维的体现和应用。

在分析一个问题前，虽然我们考虑要用数据，但往往不知道从哪里下手，这个时候就需要用到数据分析思维了，数据分析思维一般可以分为以下三种类型。

一、结构化思维

可以看作金字塔结构的思维，把要分析的问题由上到下按不同方向去分类，然后不断拆分、细化，形成一个金字塔结构的框架。借助这样的分解，我们能全方位地思考问题，一般也可以先把所有能想到的一些论点列出来，然后整理成金字塔模型。往往我们可以应用思维导图作为工具来描述结构化思维。

二、公式化思维

在结构化思维的基础上，有些论点往往会存在一些数量关系，使其能进行数学运算，将这些论点进行量化分析，从而验证论点。这一过程需要分析者有敏锐的关联分析的能力，特别是对数据之间的关系进行公式化表达的能力，这需要严谨的考虑其应用范围和具体的公式应用的约束条件。

三、业务化思维

业务化即是深入了解业务情况，结合该项目的具体业务进行分析，并且能让分析结果进行落地执行。用结构化思考和公式化拆解得出的最终分析论点在很多时候表示的是一种现象，不能体现产生结果的原因。所以需要继续去用业务思维去思考，站在业务人员或分析对象的角度思考问题，深究出现这种现象的原因或者通过数据推动业务。特别需要指出的是，对于中小学 CIO 来说，这里所提到的业务就是学校的教育教学。

问题二：数据分析的四个阶段是怎样的?

无论是产品、市场、运营还是管理者，都需要反思一个问题：数据本身的价值是什么?

对于学校来讲，数据分析可以辅助学校优化流程，降低成本，提高教育教学质量，往往我们把这类数据分析定义为教育数据分析。教育数据分析的目标是利用大数据为所有学校人员做出迅速、高质、高效的分析，提供可复制的解决方案。

近些年来，我们看到了一些学校增长模式，比如集团化办学，这类模式往往以教育教学支持平台为核心，平台支持多所学校、多个校区之间的协同工作，有利于规范化和科学化集团管理。这其中，数据和数据分析是不可或缺的环节。通过平台为用户提供产品或服务，而用户在使用产品或服务过程中产生的交互，都可以作为数据进行采集。根据这些数据分析，通过分析的手段反推用户的需求，创造更多符合需求的增值产品和服务，重新投入用户的使用，从而形成一个完整的教育教学业务闭环。这样完整的教育教学业务逻辑闭环，可以真正意义上驱动教育教学质量的增长。我们常常将数据分析过程划分为不同的阶段，具体包括以下四个阶段。

阶段 1：观察数据当前发生了什么

首先，基本的数据展示可以告诉我们发生了什么。例如，集团学校去年建设了一所新的学校 A，我们要对比过去一年的数据，新学校 A 和现有学校 B 相比，情况如何？又比如，新开发的课程有多少学生喜欢？新报名参加学习的学生人数有多少？这些都需要通过数据来展示结果，都是基于数据本身提供的“发生了什么”。

阶段 2：理解为什么发生

如果通过数据发现，学校 A 相比学校 B，提升了教学质量，这时候就要结合教育现状来进一步判断这种现象产生的原因。我们可以进一步通过数据分析进行深度拆分，这种深度的数据分析，成为了教育现状分析第二个进阶，也同时能够提供更多教育价值上的体现。

阶段 3：预测未来会发生什么

当我们理解了学校 A、B 的教育质量提升显著，而学校 A 所在的区域整体上有高价值单位迁入的现象。我们就可以根据以往的知识预测未来会发生什么。在建设学校 C、D 的时候，猜测学校 C 比学校 D 好，当学校采用新的措施和新的优化手段，我们可以知道哪一个节点比较容易出问题；我们也可以通过数据挖掘的手段，自动判断学校 C 和 D 之间的差异，这就是数据分析的第三个进阶，预测未来会发生的现象。

阶段 4：进行怎样的决策

所有工作中最重要的是决策，通过数据来判断应该做什么。而数据分析的目的，就是决策结果。当数据分析的产出可以直接转化为决策，或直接利用数据做出决策，这才能直接体现出数据分析的价值。

问题三：数据分析的五个基本步骤是怎样的？

面对海量的数据，很多人都不知道如何准备、如何开展，如何得出结论。往往，数据分析与实施结果之间的关联是重要的，所有数据分析都应该以业务场景为起始思考点，以业务决策为终点。数据分析该先做什么？后做什么？数据分析一般分为五个基本步骤。

第一步，挖掘业务含义，理解数据分析的背景、前提以及想要关联的业务场景是什么。

第二步，制订分析计划，如何对场景拆分，如何推断。

第三步，从分析计划中拆分出需要的数据，真正落地分析本身。

第四步，从数据结果中提炼出业务规律。

第五步，根据数据分析结果做出业务决策。

举个例子，国内某教育集团学校的国际合作部在 X 国和 Y 国都有持续的招生宣传，吸引学生访学、交流。最近内部教师建议尝试投放 Z 国进行招生，另外需要评估是否加入国际网络联盟进行深度招生宣传。在这种多国选择的场景下，如何进行分析？我们按照上面数据分析流程的五个基本步骤来拆解一下这个问题。

第一步，挖掘业务含义

首先要了解国际合作部想优化什么，并以此为指标去衡量。对于国家选择效果评估，重要的不是国家的属性，而是对于本学校的招生业务转化。对某国招生宣传来说，是否发起“访学咨询”要远重要于 “联系用户数量” 。所以无论是在 X 国还是 Y 国招生宣传，重点在于如何通过数据手段衡量转化效果，也可以进一步根据转化效果，优化在不同国家的招生策略。

第二步，制订分析计划

以 “访学咨询”为核心转化点，分配一定的资源进行用户测试，观察对比用户数量及最终转化的效果。记下可以持续关注这些人重复咨询访学的次数，进一步优化宣传质量。

第三步，拆分查询数据

既然分析计划中需要比对宣传效果，那么我们需要去各个国家追踪用户、咨询网站停留时间、咨询网站访问深度以及最终访学类型等数据，进行深入的分析和落地。

第四步，提炼业务规律

根据数据结果，比对 X 国和 Y 国招生宣传的效果，根据访问人数和咨询转化两个核心指标，观察结果并推测业务规律。

第五步，产出业务决策

根据数据规律，指引国家招生宣传的决策制订。比如停止 X 国的招生宣传，继续跟进国际网络联盟进行评估，或优化移动端的宣传形式，更改用户运营策略，等等。

问题四：常用的数据分析方法有哪些？

数据分析的四个阶段和五个基本步骤有助于搭建一个清晰的数据分析思路框架。那么对于具体的业务场景问题，我们又该怎么办呢？我们该如何对具体的数据进行分析呢？一般的，常见的数据分析方法包括如下八类。

一、数字趋势分析

数字趋势是展示数据信息的一种最基本的方法。在数据分析中，我们可以通过直观的数字或图表，迅速了解生源的走势、学生的数量、教学进度等，从而直观地掌握数据信息，有助于分析的准确性和实效性。

例如，对于电子白板的使用，使用率是非常重要的指标。我们可以将电子白板的使用次数和设备使用频率等指标汇聚到统一的数据看板（Dashboard），并且实时更新。这样的一个数据看板，核心数字和趋势一目了然。

二、维度分解分析

当单一的数字或趋势过于宏观时，我们需要通过不同的维度对数据进行分解，以获取更加精细的数据规律。在选择维度时，需要仔细思考其对于分析结果的影响。

举个例子，当我们的学生期末成绩排名发生了下滑现象，那么我们可以进行维度拆分，通过从各个学科成绩、平时课堂表现、作业完成情况等维度入手，发现学生期末成绩下滑的原因。

三、用户分类分析

针对符合某种特定行为或背景信息的用户，进行分类处理，是我们常常讲到的用户分类的手段。我们也可以通过提炼某一群体用户的特定信息，创建该群体用户的画像。例如经常去运动场、体制健康数据突出的学生，可以被归类为“运动”学生群体。而针对“运动”学生群体，我们可以进一步观察他们日常参加运动的频度、类别、地点、时间，这样就创建出了该学生群体的画像。

在数据分析中，往往针对特定行为、特定背景的用户进行有针对性的用户运营和产品优化，这样精准的推广可以大幅度提高用户参与的意愿和比率，效果也会更加明显。

四、转化漏斗分析

生活中绝大部分商业变现的流程，都可以归纳为漏斗。漏斗分析是最常见的数据分析手段之一，无论是注册转化漏斗，还是产品选择的漏斗。通过漏斗分析可以从前到后还原用户转化的路径，分析每一个转化节点的效率。其中，我们往往关注三个要点：第一，从开始到结尾，整体的转化率是多少？第二，每一步的转化率是多少？第三，哪一步流失的用户最多，原因在什么地方？流失的用户符合哪些特征？

举个例子，中国大学 MOOC 开课，第一，进行转化率分析，如果总体转化率为 45.5%，就是说 1000 位学习者来中国大学 MOOC 平台注册页面，其中 455 位成功完成了注册；第二，假设第一步是平台主页面，第二步是注册页面，第三步是课程选择页面，第一步的转化率为 89.3%，第二步的转化率为 56.8%，第三步的转化率为 89.7%；第三，根据数值可以看出，第二步的转化率显著低于第一步和第三步，可以推测第二步注册流程存在问题，但是也可以得出第二步的提升空间也是最大的，投入回报比肯定不低。因此，我们如果要提高中国大学 MOOC 注册人数，应该从第二步入手。

五、行为路径分析

关注行为路径是为了真正了解用户行为。数据指标本身往往只是真实情况的抽象，例如，在线课程网站分析如果只看用户访问量和页面访问量这类指标，断然是无法全面理解学生如何使用在线课程网站的。通过大数据手段，还原学生的行为路径，有助于更好地关注学生的实际体验、发现具体问题，根据学生使用习惯设计产品、投放内容。

六、留存场景分析

经历过一门在线课程或者 MOOC 的学习的学生，极有可能因为课程的结束而放弃了继续在 MOOC 平台学习其他课程的这种学习途径，这是我们不愿意看到的现象。从学习环境设计的理念来看，留住一个老学生用户的投入要远远低于获取一个新学生用户。每一个学习环境，每一项学习服务，都应该关注用户的留存，确保做实每一个学生。我们可以通过数据分析掌握留存情况，也可以通过分析学生行为及学生回访之间的关联，找到提升留存的方法。

对于学校来说，除了需要关注整体学生的留存情况之外，还需要关注教师的留存情况；除了教室作为固定学校环境之外，还需要关注图书馆、博物馆、走廊等公共场所环境的变化对于用户的回访的影响，等等，这些都是常见的留存场景。

七、A/B 测试分析

A/B 测试用来对比 A 和 B 两种不同产品设计 / 算法对结果的影响，即通过对方案 A 和方案 B 使用测试对比来评判出哪一个更好的方法。产品在上线过程中经常会使用 A/B 测试来测试不同产品或者功能设计的效果，中小学 CIO 可以通过 A/B 测试来完成不同渠道、内容、资源、创意的效果评估。

举个例子，我们在同一学科同一教师的课堂上使用两种不同的终端（pad 端和手机端）进行教学，通过比较同一班级实验组（A）和对照组（B）两组学生的课堂终端交互情况，来评估两个终端在课堂教学交互效果上哪个更好一些。

要进行 A/B 测试，有两个必备前提：第一，有足够的时间进行测试；第二，数据量和数据密度较高。因为当产品流量不够大的时候，要想通过 A/B 测试得到统计结果是很难的。

八、数学建模分析

数学建模分析就是通过对目标进行要素分解及量化分析，从而用数学的方法计算并对比分析的方法。当一个教育目标与多种行为、画像等信息有关联性时，我们通常会使用数学建模、数据挖掘的手段进行建模，预测该教育结果的产生。我们常常说，不能度量，就无法增长，数据分析对于学校教育价值的提升有着至关重要的作用。这类数据分析方法，大家不妨在自己教育教学日常工作中，在与分析相关的项目里尝试使用，相信可以事半功倍，创造更多的教育价值。

问题五：如何进行归因分析?

数据分析方法往往能够很好地描述现象，但是在揭示现象背后的原因时却显得很有限。因此，需要结合问题情境来引入社会心理学的分析方法，这就是归因分析方法。对于中小学 CIO 来说，归因分析提供了基于数据分析的具体问题原因分析的理论依据和框架。

在互联网和大数据时代，我们每天都会产生大量的数据及复杂的行为路径。我们经常希望通过数据分析寻找一系列路径与最终结果的关系，但是大数据分析和挖掘方法的基本特征之一就是只能找出关联关系，无法充分说明因果关系。因此，如果我们希望通过数据分析找到因果关系，单纯依靠大数据本身的方法是不现实的，而依靠业务场景和环境分析的归因分析就应运而生了。

举个例子，我们饿了要吃饭，那么饿了就是吃饭的原因，或者说是主要原因。又如，我们刚跑完步，看到矿泉水的广告，然后买了矿泉水喝。那么最终买矿泉水的原因归结于：事件一，我们刚跑完步又累又热；事件二，看到广告又觉得喝了会特别爽快，所以买矿泉水的原因就有两个。

我们在知觉人的行为时，总是试图进行推断和解释。所谓归因，就是指观察者为了预测和评价人们的行为并对环境和行为加以控制而对他人或自己的行为过程所进行的因果解释和推论。

美国心理学家海德（F.Heider）在1958年最早提出了归因问题，但直到60年代中期，归因才引起社会心理学界的重视，并成为一个热门研究领域。1965年，琼斯（E.A.Jones）和戴维斯（K.E.Davis）提出了相应推断理论，从行为者的具体行为推断其行为意图。1967年，美国社会心理学家凯利（H.H.Kelley）发表《社会心理学的归因理论》，继相应推断理论之后提出三维归因理论，也称为三度理论，对海德的归因理论进行又一次扩充和发展。凯利提出，可以使用三种不同的解释说明行为的原因：一是归因于从事该行为的行动者；二是归因于行动者的对手客观刺激物；三是归因于行为产生的环境。凯利认为，要找出真正的原因，主要注意三种行为信息，即一致性、一贯性和特异性。

因此，人们对行为的归因总是涉及三个方面的因素：（1）对手客观刺激物；（2）行动者；（3）所处关系或情境。其中，行动者属于内部归因，客观刺激物和所处的关系或情境属于外部归因。

目前，大部分的归因分析都在以上三个方面的因素基础上应用“单值”或“集合”的形式进行记录，极少数使用“时序还原”的形式，因为这个计算量太大了，而且需要引入一些标准化的数据采集才可以做到。当然，“路径还原”就更少了，因为他是在“时序还原”的基础上又提升了一档难度，需要额外记录页面的前项地址，来进行路径的还原。

特别需要说明的是，随着教育信息化和教育大数据的需求的增长，学习行为时序还原和学校路径还原已经越来越完善了，这些都是归因分析的基础。实际上，进行数据分析的归因分析需要结合自身业务情况进行数据的推导和演绎，而不是将一个模型一成不变地进行套用。

案例分析：大数据支持芙蓉教育发展的实践与思考

一、系统规划区域教育大数据

芙蓉区教育局高度重视教育大数据在未来教育中的重要战略地位，成立专门的执行机构进行研究，即以芙蓉区教育信息化管理中心为直接执行机构，设立教育大数据研究室，由主任直接负责，下设理论研究小组和技术研究小组。理论研究小组负责教育大数据理论研究，致力于大数据与智慧教育的应用研究，基于人工智能、教育学理论与方法，研究用户行为、情感、认知识别方法。技术研究小组负责教育大数据项目的具体实施，致力于大数据平台的架构，数据的收集、清洗、大数据分析、机器学习、数据可视化和数据挖掘等方法，实现用户精准画像；用网络方法分析用户行为，进行海量资源下的个性化教学研究；探索教育领域知识深度关联挖掘、融合方法，支撑智慧教育领域大数据驱动的计算服务及应用。

二、多渠道确立区域教育大数据的规范

1. 建设“一个中心，两种智慧”

大数据、物联网和云计算等技术应用于教育的外部条件已基本成熟。为紧跟技术发展步伐，向“大数据”要“大智慧”，打造“智慧教育”，芙蓉区经过近 20 年的信息化应用数据积累，再次抢占教育发展新高地。同时，为更好地支撑区域教育发展，三年内会在以下三个方面同步展开：一是渐进式建设“芙蓉教育大数据平台”，不断凝聚“智慧中心”；二是通过逐年成建制推动“移动终端进教室”，逐年普及“智慧课堂”；三是促成大数据与学校特色融合创新，自然形成“智慧特色”，即“一个中心，两种智慧”。目前，全区先行确定 21 所智慧校园试点校，分别开展智慧课堂和智慧特色试点。

2. 建立数据标准

教育数据的全面、自然、动态、持续采集，是构建教育大数据的基础性和先导性工作。业务的差异性直接导致教育数据来源更加多元、采集更加复杂。教育数据采集要提前规划设计，有清晰的边界，保持连续性和规范性，采集粒度要尽可能小，采集过程要符合伦理道德。由于历史原因，各应用系统的数据格式并未统一标准，庆幸的是，芙蓉区教育信息化管理中心提前规划，从 2010 年开始打通各应用系统的账号体系，实现统一登录，为大数据收集奠定基础。根据教育部颁布的《教育管理信息化系列行业标准（教技〔2012〕3 号）》中的规定采集教职工与学生的基础信息、用户各种行为数据以及用户状态描述数据，芙蓉区教育局发布了《芙蓉区教育大数据收集标准》，要求各单位遵照执行。

3. 数据分类、清洗及入库

依据数据来源和范围，教育大数据分为个体教育大数据、课程教育大数据、班级教育大数据、学校教育大数据、区域教育大数据、国家教育大数据六种。依据现有系统数据，芙蓉区教育局以收集个体、学校和区域教育大数据为主。目前，收集的个体数据包括教师的基本信息、学分情况、教师获奖情况、课件使用数据、困难职工补助、年度考核、博客发表、论文发表以及学生的基本信息、体质、健康、特长、成绩、阅读、平板数据等，对接现有通知系统、班班通系统、智慧教育平台、智慧特色系统和电子相册等，通过统一的 ETL 工具，将数据清洗存入大数据平台，建立统一的数据库。

三、多维度进行区域教育大数据的分析与挖掘

当大量的数据汇聚到数据库时，如何分析与挖掘，是教育大数据成败的关键。当我们按照常规方式给出数据均值、最大值、最小值后，发现数据显而易见或者毫无价值。其实，教育大数据分析分为狭义的数据分析与广义的数据分析，这是教育大数据分析的两个阶段，即基于统计分析的数据可视化阶段和基于模型构建的数据预测阶段。

1. 基于统计分析的数据可视化阶段

统计分析作为常规的分析方法，已得到广泛认同，但如果仅有统计数据，数据间的关系就难以发现。数据的可视化被认为是狭义的数据分析方式，用点、线、面的位置或大小表达统计资料的数量关系，并以各种图形（如柱形图、条形图、折线图、饼状图等）直观展示出来，观察统计数据的变化趋势，具有直观、明确、易于接受等优点。

2. 基于模型构建的数据预测阶段

为了引导广大教师的专业化发展，向名师靠拢，我们从大量的数据中抽取骨干教师和名师的数据，通过探索性数据分析，选择回归分析模型，模型的正确率高达92%。当应用到全体教师后，误判率为11%。教师个体通过雷达图的对比，显示与名师的差距，为个体找出薄弱方面，为向名师靠拢提供参考。此外，数据挖掘不是一种技术，而是一个过程，解决问题是核心。现在，大数据分析技术已经形成一些比较成熟、稳定的模型算法，如有的适合预测趋势和行为，有的适合关联分析，有的适合聚类分析。每种模型算法都有各自的优劣性，针对不同场景选择合适的算法模型进行大数据分析挖掘。

四、依托大数据促进区域教育发展

1. 教师画像促进教师科学成长

教育大数据帮助教师建立个性化成长规划。教师发展的前提是个体先真正认识自己，知道自己的优势与不足。为此，我们参照名师成长模型建立教师画像。大数据的优势之一就是让每位教师认识真实的自我。通过对名师和骨干教师的数据进行分析和挖掘，从学历水平、工作年限、培训次数、自我研修、公开课数量、备课时间、课后反思、论文数量、获奖情况等维度抽象出成长模型，参照名师成长模型为每位教师绘制成长画像，为其他教师提供榜样。

大数据促进教师专业成长。通过关联学历、学科、职称、性别等信息，发现不同年龄段的教师在专业成长道路上会遇到不同的瓶颈，这些瓶颈又有某些共性。比如入职五年以内的教师，教学技能得到快速成长，但对整体教材的系统把握有时很难做到精准；骨干教师虽是教学行家，但在课程系统、创新研究方面比较薄弱；卓越教师在小范围内是专家，如何突破区域和自身瓶颈，成为更具权威的专家，也是当下需要解决的问题。

2. 学生画像为学生全面发展奠基

教育大数据画像让学生的学习更加高效。通过确定21所智慧校园实验学校，芙蓉教育大数据平台从智慧课堂、智慧阅读、智慧雅乐、智慧书写、智慧评价、智慧种植等方面收集学生的学习行为数据，建立学生素养画像。通过逐年成建制部署平板互动课堂，实现常态化采集学生的学习数据；通过数据分析学生的学习轨迹、知识结构、能力、强项、弱项等，采用聚类方式划分成不同层次，为每个学生定制并推送学习建议、个性化练习、试卷、作业、微课等，从而最大限度地在班级授课制下实现因材施教。

教育大数据预警为学生成长保驾护航。例如，通过收集体检数据，分析学生近视变化情况，建立学生近视变化曲线模型，设置视力下降值的红、黄、绿三级预警信号，面向学生、教师、学校和家长提供预警信息，进行人工干预，采取补救措施，降低近视的发生率。通过分析学生到校、参与科技活动、上课听讲、回答问题、作业完成等情况的变化，及时发现异常情况，提前预警和干预，为每个学生的健康成长保驾护航。

（摘自：孙幼平 尹远洪，大数据支持芙蓉教育发展的实践与思考，中小学数字化教学，2019.10）

本章内容小结

本章我们学习了数据分析思维的基本概念（知识检查点 6-1），数据分析思维的三种类型（知识检查点 6-2），数据分析的四个阶段（知识检查点 6-3），数据分析的五个步骤（能力里程碑 6-1），数据分析的八种方法（能力里程碑 6-2），数据分析的归因分析（能力里程碑 6-3）。本章内容的思维导图如图 6-1 所示。

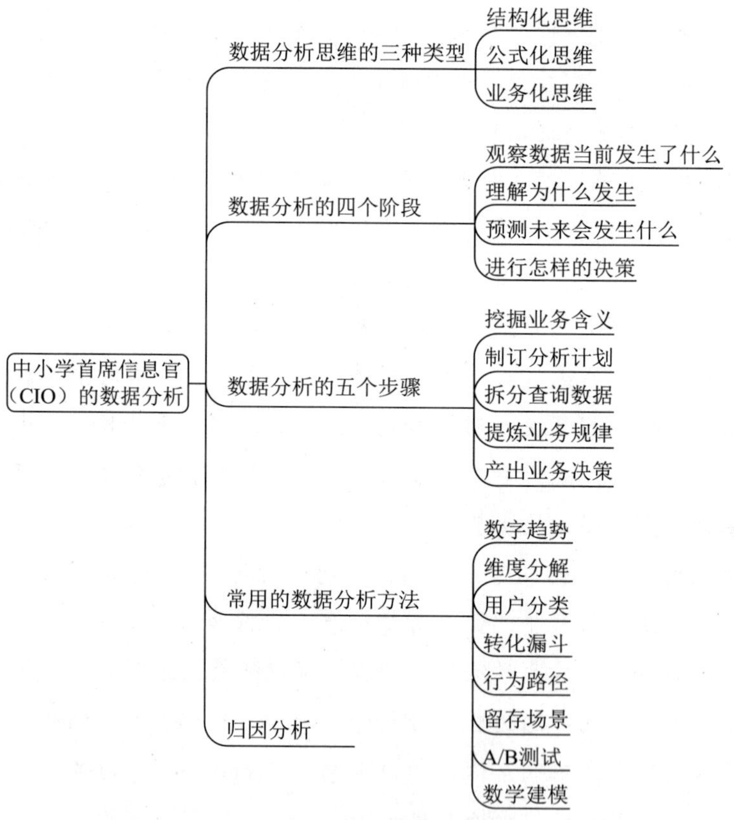

图 6-1　思维导图

自主活动：数据分析与决策对 CIO 的重要性和必要性

请学习者在学习完本章内容后，进行自我反思，并记录个人学习心得。

小组活动：CIO 在学校信息化建设过程中可以对哪些数据进行分析

请学习者围绕本章的学习主题进行组内交流，并做好小组学习记录。

评价活动：评价本章知识与能力学习水平

一、简述题

1. 回顾学校信息化建设中进行数据分析的步骤，进行数据分析后是否影响了学校的决策（能力里程碑 6-1）？

2. CIO 在学校教学过程中需要做哪些数据分析？你觉得 CIO 可以应用哪些方法进行数据分析？如何应用（能力里程碑 6-2）？

二、实践项目

按照数据分析的基本步骤，结合学校的实际情况，采用数据分析的几种方法进行分析，并对数据分析后的结论进行归因分析（能力里程碑 6-1，能力里程碑 6-2，能力里程碑 6-3）。

第七章 中小学首席信息官（CIO）的数字校园建设案例

本章学习目标

在本章的学习中，要努力达到如下目标：

◆ 能够参考案例进行中小学数字校园的战略管理工作（能力里程碑 7-1）。

◆ 能够参考案例进行中小学数字校园的绩效管理工作（能力里程碑 7-2）。

◆ 能够参考案例进行中小学数字校园的项目管理工作（能力里程碑 7-3）。

◆ 能够参考案例进行中小学数字校园的数据分析工作（能力里程碑 7-4）。

本章核心问题

以北京市十八中为龙头的方庄教育集群在进行数字校园建设过程中，CIO 是如何开展工作的？

本章内容结构

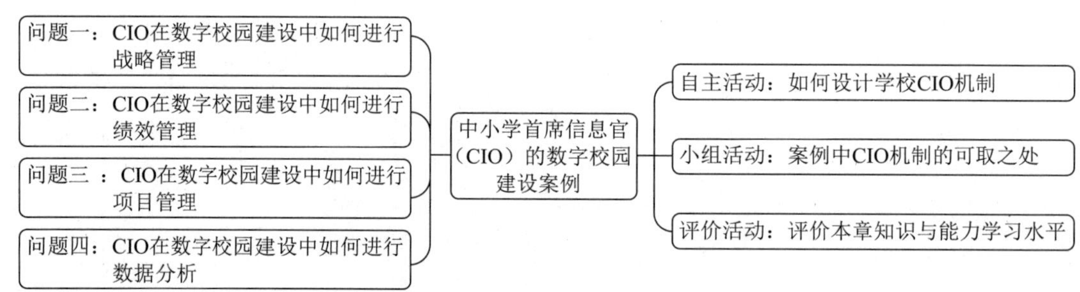

引 言

近年来，我国很多学校响应《教育信息化“十三五”规划》的号召，逐渐尝试建立中小学 CIO 制度，各个学校在数字校园、智慧校园和未来学校的整体建设过程中，逐步总结

CIO的职位定位和工作职责经验，对学校从战略分析到具体教育教学活动起到了承上启下的关键作用。《中小学校长信息化领导力标准（试行）》将校长的信息化领导力作为引领学校信息化发展、加快基础教育信息化步伐的重要路径。《中小学学校首席信息官（CIO）建设规范》规定了中小学CIO的权利和责任，重构了中小学 CIO 领导下的学校信息化管理组织结构，对中小学 CIO 的任职、培训、薪酬等管理内容做了规定。我国多个城市及研究机构开始把建立中小学CIO的工作写入政策文件，并列入教师和干部培训规划，也进行了相关课题研究，为下一步发挥CIO的作用起到了探索价值和意义。

北京市第十八中学是全国教师信息技术应用能力提升工程创新培训国培基地之一，学校目前拥有5个校区，构成了十二年一贯制教育集团。北京市第十八中学带领方庄教育集群46所学校，以资源共享、特色衔接、共同发展促进了区域教育优势均衡。方庄教育集群以北京市第十八中学为龙头，学校是教育集群信息化发展规划的重要组成部分。经过全体师生的共同努力，学校现在已经成为一所“教学质量好，人民群众满意度高”的北京市示范高中。

问题一：CIO在数字校园建设中如何进行战略管理？

一、制订教育信息化学校战略发展规划

在长期的发展过程中，北京市第十八中学逐渐形成了“三化三特”的办学特色，即“数字化、集群化、国际化”和“体育特色、艺术特色、科技特色”。针对校园教育信息化建设，学校以校园网为依托，在坚持传统校园文化优势的基础上，充分挖掘富有人情味的校园网的潜力，努力培育网络环境下的新颖网络文化氛围。经过长时间的实践与探索，数字校园建设发展经历了最初发展阶段，分别是：学校网站，网络教学，网络科研，网络学习，网络管理等，在此阶段的基础上，通过结合学校教育信息化战略发展规划，整体过渡到数字校园的建设与探索。现在的数字校园已经成为学校一道亮丽的风景线，数字校园建设正在成为北京市第十八中学的新优势。

二、践行信息技术与教学深度融合国家战略

教育信息化2.0中的过程战略部署是通过信息技术与教学的深度融合带动教育教学变革。北京市第十八中学将信息技术引入教学的全方位和全过程，推动教育理念、教学方法和教学模式的深度变革，实现以教师知识传授为主向以学生能力素质培养为主的教学方式的转变、以知识传授者为中心向以学习者为中心的学习方式转变，实现以应试教育为主向以素质教育为主的转变。在实践过程中，北京市第十八中学在坚持促进信息技术与教育教

学的深度融合的核心理念指导下，针对学校教育教学主要进行了微课社区、互动课堂、自助式学生学习平台等信息化变革，具体内容如下。

1. 微课社区

微课社区是教师开展翻转课堂教学的平台，学生在课前完成知识的学习，而课堂变成了师生之间和生生之间互动的场所，包括答疑解惑、知识运用等，从而达到更好的教学效果。具体来看，北京市第十八中学针对微课社区主要进行三类创新教学活动：微课管理、在线学习和微课互动。其中，微课管理指教师上传与自己教学相关的微课视频，并设置微课的可见性和发布的班级。在发布微课的同时，教师还可以将与微课相关的资源推送给学生。微课社区中还能同步互动课堂白板功能里教师录制的课堂讲演过程。在线学习强调学生在线观看微课，并提交自己观看之后的问题。师生可以通过微课社区进行交流互动，有留言区、话题讨论区、以及互动课堂记录、展示等功能。

2. 互动课堂

互动课堂充分结合了移动互联网，是一种全新的教学形式，是信息化教学发展的一种新趋势。通过互动课堂，能够打通课前、课中、课后全学习过程，实现学习的系统性。从具体工作来看，可以分为教师端和学生端。一方面，在教师端，教师通过它能够实现互动教学，充分调用各种教学资源，丰富自己的课堂内容，并根据课堂教学效果，实时地调整自己的教学计划。例如，教师可以实现课件、习题等资源的推送、查看学生的屏幕、白板书写等功能。另一方面，在学生端，学生通过它能够更加直观地获取教学资源，增强与教师、同学之间的互动，激发自己的学习兴趣。并通过多种模式实现课前自主预习、课中互动学习、课后巩固复习，提高自己的学习成效。

3. 自助式学生学习平台

自助式学生学习平台以激发学生的学习兴趣为目的，为学生提供一站式的学习社区。通过使用该平台，能够改变传统的课堂教学模式，将被动式、灌输式的教学模式转变为主动式、问答式的教学模式，激发学生自身的学习潜力，培养创新型高素质人才。

问题二：CIO 在数字校园建设中如何进行绩效管理？

一、提升教师信息技术应用能力绩效

教育信息化落实的关键环节是应用驱动，真正发挥教育信息化对教育现代化的作用，提高教育教学质量。在实践中，北京市第十八中学坚持以“应用促建设，以建设促应用”的指导思想，加强对全体教职员工进行信息技术应用能力培训，找到日常教育教学中的问

题和差距，经常定期、不定期举办不同层次的教师应用技能培训，并安排青年教师和资深教师进行结对帮助，实行信息技术师徒制。在提升教师信息技术应用能力绩效的过程中，不但重视培训的过程管理，也加强对信息技术的运用考核。学校制订《信息技术应用管理办法》等规章制度，使信息技术的应用有章可循。近年来学校教师在各种级别的教育教学大赛中成功地运用信息化手段，取得了很好的成绩。学校领导班子对校园信息化建设十分重视，一致认为学校信息化建设是提高学校品位、核心竞争力的必由之路。

目前，北京市第十八中学的信息技术应用和培训已经常态化和制度化，营造了现代领先、文明健康的网络文化氛围，增进了教师的交流，改变了教师的教学方式和学生的学习方式，增进了师生、校家、校社的沟通，真正达成了学校、学生、社会和家庭四位一体的目的，形成了网络文化核心价值观，并内化为每个“十八中人”的价值观，实现了行政管理、信息管理、教学服务、研究开发等各类系统之间的信息交换和信息服务，构建了基于学校网络环境的网上教学体系，以数字校园为核心来提升教育教学质量和绩效。

二、提升学生信息技术素养绩效

为了培养本校学生的信息化素养绩效，并使得学生能够利用信息技术进行自主学习、合作学习，提高创新应用能力和水平，北京市第十八中学在数字校园建设的过程中采取了多种具体的措施：学校开放实验室课程将通过新媒体环境对学生的实干精神、表达能力进行培养，并培养学生的创新精神和实践能力；在全面育人的基础上注重学生的个性发展，培养品学兼优的优秀学生；使学生能够形成超前的意识、开放的创新理念、高尚的审美情趣；使学生能够打破旧的思维模式，摆脱传统观念束缚，形成正确的价值体系；使学生成为具有宽广的国际视野、质疑、思辨、合作、创新的综合人文素养人才。

北京市第十八中学还依托高等院校教授、专家和一线优秀教师，组成课程开发团队，全面进行课程建设，目前规划开发的三类课程如下：

第一类，基础性课程。区别于课堂教学的课程，基础性课程是课堂课程的延伸，在广度上开阔学生的视野，精度上使学生了解各学科分支的精髓。基础性课程主要由本校及协作校骨干教师承担。如文学素养课程、美术类基础类课程等。

第二类，研究性课程。研究性课程是基础性课程的提高。通过研究性课程，将激发学生的研究热情，深入研究课题，初步做出创造性成果。研究性课程聘请高校及科研院所的专家，使学生尽早地在科学家身边成长。如新媒体综合实践应用类课程、设计类课程等。

第三类，开放性课程。开放实验室以跨学科、跨专业的创新型、研究型、综合型实验项目为主，吸引学生利用课余时间（如假期）到实验室参加实验、制作、发明、创造活动，培养学生的动手能力和创新实践能力，推动学生素质教育的深入开展。如综合实践课程和体验性课程、综合艺术创意类课程等。

问题三：CIO 在数字校园建设中如何进行项目管理？

一、数字校园信息化基础设施项目建设

在学校数字校园信息化建设过程中，北京市第十八中学首先进行了基础设施项目建设工作。对学校现有主机、存储等资源通过虚拟化的方式进行管理，按需分配，提高学校资源的有效利用率；同时，进行校园网络的整体改造，实现了千兆到桌面，无线全覆盖的学校网络建设，为数字化教学、数字化管理奠定了良好的基础。并且，通过基础设施的建设，学校能够更好地实现与兄弟学校之间的数据互通、资源共享，更好地实践“宽带网络校校通”这一建设理念。

比如，学校最具有代表性的是开放式实验室的项目建设，主要从实验室硬件建设项目、实验室仪器设备配置项目以及实验室环境安全项目三个子项目着手考虑，具体项目建设内容如下。

实验室硬件建设项目：为满足重点开放实验室的真正意义，达成跨区域研讨交流的目的，在整合新媒体技术的基础上，把重点开放实验室打造成一个云上交流的实验室，具备全网络覆盖，三机位互动录播，可折叠桌椅及可移动操作台，让实验室空间格局可依据不同活动项目进行教室整体结构调整。实验室内布置有学习交流区，作品展示区，3D 加工区，激光加工区，每个区域都配有交流展示体验区域。

实验室仪器设备配置项目：十八中针对开放实验室建设问题，组织了相关领域的专家对 3D 创意设计制造实验室的仪器设备进行了国内外多方的调研，经过大量的比对后，最终由三维扫描、三维成型、三维设计这三个部分组成。配置了 6 台便携式扫描仪，1 台高精准扫描仪，1 台三维立体内成型机，1 台全彩 660 三维打印机，6 台桌面打印机，6 台专业桌面打印机，1 台大幅面扫描仪。工作站 24 台，配备 11 种设计软件，可以满足不同设计需求。所有设备均采用国内外相对高端产品。操作界面友好，符合中学生操作习惯。

实验室环境安全项目：作为重点开放实验室，教室从地面到墙体，从移动桌椅工作台到固定工作台都采用最环保的材料，确保空气环境安全，同时教室内使用 220 伏电压，每个接线插座都采用翻盖处理，无电线裸露之处，确保用电安全，墙上悬挂教室使用说明，确保安全提示到位。

二、数字校园信息化基础平台项目建设

北京市第十八中学一改以往“以应用堆砌”为主的项目建设方式，采用了整体规划和分步实施的策略，完善了教育基础网络平台项目的建设。通过统一身份认证，能够实现全校范围内用户的统一管理，为其提供一站式的用户体验；通过统一门户，能够根据角色的

不同，为用户展现不同的门户，真正做到建有所用的建设理念。例如，学校的教育基础平台可以概括为“五级平台架构 + 运维支撑体系”，即：以“虚拟化”为基本特征的基础设施建设；以“云计算”为基本特征的数据交换和存储体系建设；以“单点登录、统一展现”为基本特征的基础平台建设；以“开放性”为基本特征的应用平台体系；以“用户为中心”的个人门户空间；以“数据管理”为基本特征的支撑体系。

三、数字校园多业务管理平台项目建设

北京市第十八中学数字校园网络平台项目建设通过结合学校教育信息化战略发展规划，整体进行项目管理，按照业务要求划分为四种业务支撑的项目，具体内容如下。

1. 一体化教务教学平台

学校教学教务工作的核心价值在于为学校的战略布局提供准确的数据分析和有价值的参考意见。一体化教务教学解决方案中的学籍、排课、选课、备课、录课、阅卷、成绩、评价等各项功能都互相关联、互相影响，解决了传统教务教学工作中出现的信息沟通不畅、工作繁复、数据储存难、分析不便等问题。

2. 教师综合管理平台

教师综合管理解决方案包含教职工档案信息管理、请假考勤系统、工资查询系统、人事综合考评系统、教师成长档案，为教师的综合发展提供信息内容丰富、管理方式多样、报表自动生成、学校专属使用的综合管理解决方案。

3. 全方位的办公管理平台

全方位办公管理平台是为应对学校复杂的业务而定制开发的网络办公软件。作为使用率最高、教职工参与率最高的系统，是学校建设数字校园不可或缺的业务基础。办公管理平台将学校斑纹办公、综合协调、上传下达等工作展开，实现无纸化办公。个人数字办公系统与数字校园中的其他系统进行无缝连接，帮助用户摆脱时间和空间的限制，享受远程办公和移动办公带来的无限可能。

4. 流程化的资产管理平台

资产管理系统专注于资产的实物管理，汲取多年的校园资产管理经验，形成一套符合校园特点的管理理念，采用固定资产条码扫描技术，改变了传统的数据采集方式，解决了固定资产实物清查的瓶颈问题，大大提高了清查效率；优化了校园资产管理方式，对资产生命周期内的各个环节进行动态跟踪及数据记录，突出实物管理的各个环节，实现资产的合理配置。

四、数字校园个性化学习空间项目建设

北京市第十八中学以“空间＋开放平台”的建设形式，满足学生、家长、教师、学校四方随时随地互动交流和泛在学习的要求，实现“知识碎片化，应用离散化”。能够支持多种终端（PC 端、平板端、手机端等），并支持 Android、IOS 等多种主流操作系统，覆盖面广，能够满足随时随地地移动学习、移动交流的需求。整个数字校园个性化学习空间项目定位为一站式教学平台建设，平台提供各种学习空间服务，主要包含教师空间、班级空间、个人空间、家庭空间、公共空间，具体内容如下。

教师空间：为教师提供集备课、教学、测评、发展、交流为一体的一站式办公空间服务。

班级空间：可以进行班级活动的发布、通知的查阅、相册的管理、话题的讨论等，可以展示班级特色文化或主题活动，共同维护这个集体。班主任拥有最大的班级空间管理权限。

个人空间：为学生提供集上课、答疑、测评、交流为一体的一站式学习空间服务。学生可以建立自己的好友圈、发表日志、动态、图片等，大家可以互相交流，并通过图说的形式进行学习互动，将学习延伸到课前、课后。

家庭空间：为家长提供全方位了解孩子成长的互动空间服务。家长可以了解孩子的成长过程、成绩变化等，并对孩子的成长给予肯定和指引，加强和孩子之间的交流。

公共空间：一方面根据家长、教师、学生的不同身份、不同班级完成点对点、多对多的交流，并且支持图文并茂的交流形式，从而使信息交换更充分；另一方面为学校提供集学校信息发布、教学教务管理、资源管理为一体的综合化管理空间服务。

问题四：CIO 在数字校园建设中如何进行数据分析？

一、进行统一、规范的数据分析

在学校数字校园建设过程中，学校已经改变了以往“以部门为中心”的建设思路，通过云计算强大的数据处理能力，对学校范围内的所有数据、信息、资源进行统一规范化管理，通过对这些数据的评估，对数据进行清洗以及预处理，通过有效数据之间的互交换和互操作，打破学校范围内的信息孤岛，更好地实现校与校、班与班、人与人之间的交流、互通，促进学校范围内的信息化均衡发展，更好地实践“优质资源班班通、学习空间人人有、共享型的数字化教育云平台”这一数字校园建设理念。

二、进行综合、共享的数据应用

目前的数据应用主要采用区域方庄教育集群的模式进行。方庄教育集群目前建立了“一

平台一基地二论坛三中心”的支撑平台。其中，“一平台”是“方庄教育集群云平台”，平台及时发布关于方庄教育集群的课程信息并进行资源共享；“一基地”是集群教师培训基地；“二论坛”是集群成员论坛、班主任论坛；“三中心”是集群教师科研中心、集群家长培训中心和以学生综合素质评价为主要功能的集群教育质量测评中心。方庄教育集群组织相关教研员对平台、基地、论坛、中心定期进行评估，通过反馈的各种数据进行反思，制订下一步的工作计划。

通过平台，教师可以通过校园网将自己的精品教学课件、教案、课堂录像、优秀作业设计等在资源库中进行存储、分类、展示，并赋予资源相应的开放权限。方庄集群中其他学校教师可以根据自己的实际需要，在资源库中查找符合自身教学特色的教育教学资源，完善、使用、上传，从而形成一条全新的教育教学资源生态系统，促进集群之间的资源共享，更好地实践“优质资源班班通”“优质资源校校通”这一建设理念。

同时，考虑到各学校的信息化水平发展参差不齐，学校的很多资源都可以在集群内进行多校共用，如引入“名师进课堂”，充分地利用了录播教室、网络直播、点播技术，打破了学校之间的围墙壁垒，使得学生在课堂上可以利用各种优质数字教育资源进行学习；公用设施可以多校共用，更使得校级优质教育资源得到共享、复用，提高了资源的有效利用率，促进了集群内的教育教学质量均衡发展。

本章内容小结

本章我们学习了北京市第十八中学的数字校园建设中首席信息官 CIO 所进行的战略管理、绩效管理、项目管理以及数据分析等工作内容（知识检查点 7-1、7-2、7-3、7-4）。本章内容的思维导图如图 7-1 所示。

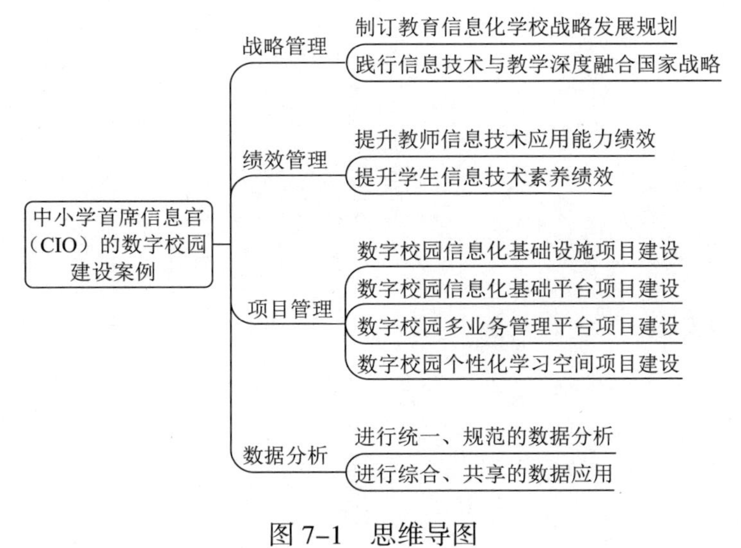

图 7-1　思维导图

自主活动：如何设计学校 CIO 机制

请学习者在学习完本章内容后，进行自我反思，并记录个人学习心得。

小组活动：案例中 CIO 机制的可取之处

请学习者围绕本章的学习主题进行组内交流，并做好小组学习记录。

评价活动：评价本章知识与能力学习水平

一、简述题

结合本章所学，北京市第十八中学的数字校园 CIO 机制建立的立足点有哪些？都做了哪些方面的具体工作？（能力里程碑 7-1、7-2、7-3、7-4）

二、实践项目

参考本案例首席信息官 CIO 数字校园建设工作情况，结合学校实际数字校园发展情况，针对学校 CIO 工作内容进行设计。（能力里程碑 7-1、7-2、7-3、7-4）

参 考 资 料

[1] 张养力．教育信息化 2.0 视域下中小学首席信息官（CIO）制度的困境及出路［J］．电化教育研究，2019, 40(05)：40–47.

[2] 吴旻瑜，武晓菲．教育信息化 2.0 的时代逻辑——《教育信息化 2.0 行动计划》解读之一［J］．远程教育杂志，2018, 36(04)：4–10.

[3] 张阔，张养力．中小学信息化主管胜任特征模型构建研究［J］．电化教育研究，2018, 39(06)：121–128.

[4] 杨小青．中小学信息化主管岗位工作机制研究［D］．四川师范大学，2017.

[5] 马珏，朱军．虚拟课堂中学生学习方式的变化——信息技术在中学学科教学中的应用反思［J］．中小学信息技术教育，2014(11)：90–92.

[6] 高丹丹，马宪春，李晓晓．基于胜任特征模型的中小学信息化管理者（CIO）培训体系构建［J］．现代远距离教育，2013(03)：20–26.

[7] 李希贵．学校如何运转［M］．北京：教育科学出版社，2019.

[8] 李晓．河北省中小学教育信息化建设现状及对策研究［D］．河北师范大学，2007.

[9] 张刚要，周海棋．中小学教育信息化进程中引入 CIO 机制的必要性［J］．中国教育信息化，2007(12)：62–64.

[10] 王珠珠．《中小学教育信息化建设与应用状况的调查研究》报告［A］．中国教育技术协会，2006：29.

[11] 温珍玉．基于绩效技术和专家引领的网络教师培训模式的研究［D］．北京：首都师范大学，2011.

[12] 李培培．校本视角下的教师与学校间绩效关系研究［D］．北京：首都师范大学，2012.

[13] 刘敏．中小学校绩效管理研究及其支持系统的实现［D］．北京：首都师范大学，2012.

[14] 蔡剑兴．中小学兼职法制副校长工作的几点思考——兼谈当前中小学法制教育［J］．教学与管理，2006(09)：35–36.

[15] 关于实施全国中小学教师信息技术应用能力提升工程 2. 0 的意见［R］. 中华人民共和国教育部，2019. 03.

[16] 中小学学校首席信息官（CIO）建设规范 T/EIIA016-2017［R］. 北京教育信息化产业联盟，2017. 04.

[17] 中小学校长信息化领导力标准（试行）［R］. 教育部教师工作司，2014. 12.

[18] 李晓斌，王耀忠. 基于战略的高校薪酬制度改革探讨［J］. 经济论坛，2009(10)：113-115.

[19] 张怡. 企业战略管理案例教学组织实施及应注意的问题［J］. 科技信息，2013(12)：6-6.

[20] 林姝. 企业战略管理中的战略决策［J］. 兰州交通大学学报，2007, 26(2)：73-76.

[21] 叶贺锋. 项目管理的理论方法研究及其在建设工程中的应用［D］. 合肥工业大学，2008.

[22] 唐东. DQ 公司风电项目专利发展研究［D］. 电子科技大学，2010.

[23] 肖芸. 时间管理在奥运场馆区域 GSM 网络优化项目中的应用［D］. 北京邮电大学，2010.

[24] 梅桃燕. 论时间管理对改善项目延期的作用［D］. 上海交通大学，2008.